Io mi chiamo Rocco il Cocco, e ti do il benvenuto in questo libro!

Registrati subito all'**AREA ONLINE RISERVATA** per

avere **le BASI, i VIDEO, la APP** e tanto altro!

(la registrazione è gratuita!)

| Connettiti all'indirizzo **https://liberoiannuzzi.link/sdn-login** per registrarti gratis |  |

Non ci riesci?

1. Scrivi il link esattamente come lo vedi qui sopra, compreso di https://
2. Vieni sul mio sito www.liberoiannuzzi.com e Registrati all'area Vip per sbloccare i contenuti del libro.

ATTENZIONE: la mail di registrazione spesso finisce in SPAM, OFFERTE o PROMOZIONI!

Ciao, sono il Maestro Libero, ogni giorno invento storie, personaggi e canzoni per permettere a bambini, insegnanti e genitori di fare musica in modo facile e divertente, anche senza leggere una sola nota!

Sono un insegnante di musica, propedeutica musicale e chitarra, lavoro nelle scuole primarie e dell'infanzia dal 2008.

Sono autore di libri bestseller della didattica musicale, svolgo formazione e consulenza per insegnanti in tutta Italia.

Ti dò il benvenuto in questo libro, spero ti divertirai ad usarlo almeno quanto mi sono divertito io a prepararlo!

Maestro Libero
www.liberoiannuzzi.com

Progetto didattico di Libero Iannuzzi
La voce solista è di Maddalena Fasan
Basi musicali a cura di Stefano Tallini
Illustrazioni a cura di Andrea Iannuzzi

L'opera "Saggio di Natale", è stata depositata su www.patamu.com con numero di deposito 137942 del 15/10/2020
Tutti i diritti sono riservati

La data certa della generazione della prova d'autore è certificata con marcatura temporale e la sua validità è garantita ai sensi della normativa 910/2014 UE eIDAS per i servizi di Digital Trust.

PATAMU reinventing creativity

Indice

Introduzione *Cosa contiene questo libro - Il metodo Suoni e Silenzi ®* .... pag 5

Indicazioni per insegnanti - Progetto per la scuola............................ pag 16

Capitolo 1 - Le stelline nella grotta...................... pag 21

Capitolo 2 - Jingle Bells.. pag 35

Capitolo 3 - Gli alberi di Natale................................ pag 45

Capitolo 4 - Tu scendi dalle stelle............................ pag 55

Capitolo 5 - Venite fedeli... pag 65

Capitolo 6 - Go tell it on the mountain................... pag 75

Capitolo 7 - Astro del ciel... pag 85

Capitolo 8 - Deck the halls.. pag 95

Capitolo 9 - Gli angeli nelle campagne................... pag 105

Capitolo 10 - Joy to the World.................................. pag 115

Capitolo 11 - We wish you a Merry Christmas....... pag 124

Capitolo 12 - The first Noel....................................... pag 135

Conclusione .... pag 145

Introduzione

Saggio di Natale

Cosa contiene questo libro - il Metodo Suoni e Silenzi ® - Indicazioni per insegnanti - Progetto per la scuola

Introduzione

Come funzionano i miei libri?

Ciao!
Io sono Rocco il Cocco!
Prima di iniziare voglio spiegarti come usare <u>al meglio</u> i miei libri...

Forse è la prima volta che utilizzi uno dei miei libri, e non sei abituato ad alcuni espedienti tecnologici, come le basi, le app, i video, ma ti garantisco che una volta imparato l'esperienza didattica sarà molto più ricca!
Prenditi dunque qualche minuto per esplorare bene tutto...

Registrazione Online

Tutti i materiali di cui ti parlo li puoi ottenere GRATIS semplicemente registrandoti all'area riservata del libro.

<u>Torna a pagina 1 e segui le istruzioni per registrarti gratis</u>.

Le basi musicali

Ci sono tanti modi per ottenere le basi di questo libro, ma è fondamentale utilizzarle! La musica si fa con le orecchie, non con gli occhi, dunque se non seguite le basi non state veramente imparando...

I video online

Tutti i capitoli hanno dei video che ti aiuteranno a capire meglio. Guardali sempre! Puoi riprodurli dal telefono, dal tablet, dal pc o dalla Lim!

Indicazioni per insegnanti e genitori

Nelle prossime pagine ti spiegherò bene come attuare questo percorso per i tuoi bambini, sia a scuola che a casa

Progetto didattico

In questa introduzione troverai un progetto completo con tutte le indicazioni per attuarlo a scuola.

Approfondimenti e consigli

Il bello di internet è che ci permette di essere in contatto tutte le volte che lo desideriamo, e di aggiornarci continuamente.

Se ti registri a pagina 1 oltre ai materiali digitali avrai la possibilità di ricevere spunti, suggerimenti, percorsi, e anche di scrivermi per qualsiasi chiarimento.

Introduzione

Cosa contiene questo libro?

In questo libro troverai dodici capitoli: il primo contiene un'attività inedita, mentre gli altri undici sono dedicati alle più belle canzoni tradizionali di Natale.
Ecco l'elenco dettagliato dei contenuti:

Primo Capitolo: le stelline nella grotta

Il primo capitolo è diverso da tutti gli altri: contiene materiale originale inventato da me, che ti servirà da introduzione al tuo Saggio di Natale. Al suo interno troverai:

- Una filastrocca in rima
- Un racconto di Natale
- Una canzone originale
- Le partiture a pallini, come per gli altri brani (vedi sotto)
- Le partiture in pentagramma, come per gli altri brani (vedi sotto)
- Le illustrazioni dei personaggi
- Basi e video in varie versioni, come per gli altri brani (vedi sotto)

Nelle indicazioni per insegnanti contenute in questa introduzione ti spiegherò nel dettaglio come assortire i vari capitoli per realizzare il tuo Saggio di Natale.

Per tutti gli altri capitoli troverai:

Scheda tecnica del brano

Ogni capitolo contiene una scheda tecnica riepilogativa del brano: storia della composizione, livello di difficoltà, durata, strumenti richiesti...

Poesia introduttiva

Per ogni canzone ho inventato una breve poesia che potrà servire da presentazione al canto, durante il vostro Saggio di Natale

Testi in doppia lingua

Per ogni brano avrai a disposizione il testo in Italiano ed in Inglese*

Partiture a pallini

Ognuno di questi brani è stato arrangiato con il Metodo Suoni e Silenzi ® che prevede l'utilizzo di pallini e crocette per descrivere il ritmo.

Nell'area online di questo libro, accessibile seguendo le indicazioni a pagina 1, troverai la versione colorata della partitura con la legenda per associare ogni colore ad uno strumento o una parte del corpo differente.

Basi musicali

Ad ogni brano corrispondono varie basi musicali :
- Base cantata in italiano, con strumentario Orff
- Base cantata in inglese*, con strumentario Orff
- Base cantata in italiano
- Base cantata in inglese*
- Base di accompagnamento, senza voce nè strumentario Orff

Video

Ogni capitolo è accompagnato da tre video animati:
- Video con i pallini ed il testo in italiano
- Video con testo in italiano
- Video con testo in inglese*

Il metodo Suoni e Silenzi®

Nelle prossime pagine troverai una breve introduzione al metodo Suoni e Silenzi®, il mio codice di solfeggio facile per bambini che ti servirà per interpretare le partiture musicali.

Indicazioni per insegnanti

L'ultima parte di questa introduzione è dedicata ad alcune indicazioni specifiche per insegnanti: una sorta di mini-guida didattica, con tanto di progetto per poter realizzare le attività contenute in questo libro nella tua classe.

Per "Tu scendi dalle stelle" e "Gli angeli nelle campagne" non è prevista la versione inglese, mentre per "Venite fedeli" è presente la versione in latino anzichè in inglese.

Introduzione

Il metodo Suoni e Silenzi®

Fare musica è facilissimo con il mio metodo!

Adesso ti insegnerò il solfeggio in pochissimi istanti, con un metodo superfacile che si chiama **Suoni e silenzi!**

Ho scritto anche un libro con questo titolo, ed è il più amato da tutti i piccoli musicisti!

 Questo pallino è un suono, si legge PA

Questa crocetta è un silenzio, si legge SH

Ora leggiamo insieme questo ritmo: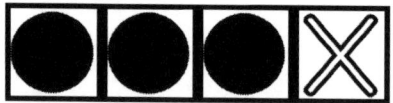

Bene! Ora prova quest'altro:

Hai visto? Ovviamente puoi combinarli come ti pare...provaci tu!
Riempi queste caselle con i simboli che preferisci, poi leggili.

Ma non è finita qua! Adesso ti presento un altro amico...

 Questi due pallini attaccati si leggono TITTI.

Attenzione perchè sono molto veloci! Insieme durano solo un tempo

Prova a leggere questo ritmo:

Proviamo ancora :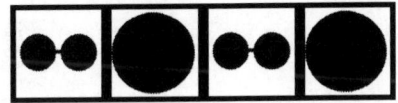

Adesso non è finita però...manca l'ultimo amico!

 Questo simbolo con quattro pallini si chiama TEKETEKE!

Lo so, sembra uno scioglilingua, ma con un po' di pratica ci riuscirai.

Proviamoci insieme: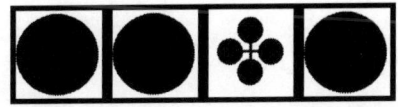

Ecco visto? non è così difficile! Riprova: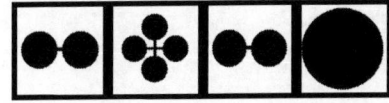

Eccezionale..adesso gira pagina, abbiamo quasi finito!

Introduzione

Ops! scusa! quasi dimenticavo di presentarti il NONNO dei pallini...

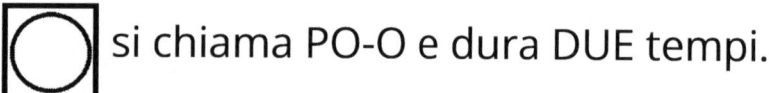 si chiama PO-O e dura DUE tempi.

Occupa una casella, ma quella accanto dovrai lasciarla vuota per permettergli di suonare per tutto il tempo che serve..

Proviamo ad applicarlo ad un ritmo: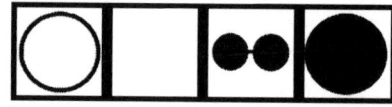

Bene! Adesso proviamone un altro:

Esercizi

Adesso allenati un po' a leggere questi ritmi!

Es 1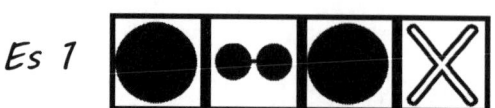

Es 2

Es 3

Es 4

Es 5

Es 6

p.s. *nel libro Suoni e Silenzi troverai tantissimi esercizi per imparare il solfeggio a pallini!*

Note...o pallini?

Conosci già le note musicali vere? Beh i pallini...sono loro cugini:

●	=	♩	il PA equivale alla semiminima da 1/4
✗	=	𝄽	lo SH equivale alla pausa di semiminima da 1/4
●●	=	♫	il TITTI equivale a due crome da 1/8 ciascuna
✤	=	♬♬	il TEKETEKE equivale a quattro semicrome da 1/16 ciascuna
○	=	𝅗𝅥	il PO-O equivale alla minima da 1/2

Ehi! già di ritorno?
Allora ti porto a visitare
le case dei pallini...

Eh si, quei simboli che abbiamo imparato l'altra volta si possono raggruppare in delle caselle rettangolari, come questa:

In ogni casella, che si chiama battuta, di solito ci sono quattro simboli, ma non è sempre così.

Ogni famiglia abita lungo una strada, con altre famiglie a fianco.
Facciamoci una passeggiata su questa via e vediamo quanti pallini ci sono!

Esercizio 1 *(suonalo con la base)*

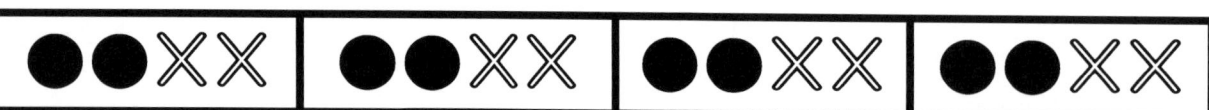

Basi e video online!
scannerizza il codice o digita
https://liberoiannuzzi.link/sdn-club
Non hai effettuato la registrazione? Segui le indicazioni a pagina 1 del libro!

Adesso proviamo a leggere tutti i pallini della riga A e poi subito dopo quelli della riga B

Esercizio 2 *(suonalo con la base)*

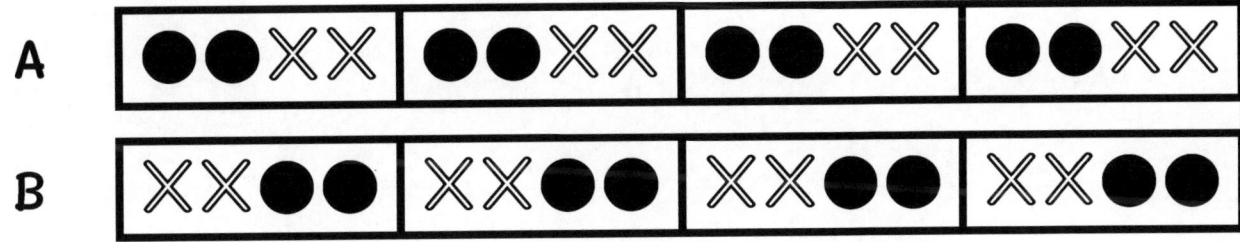

Adesso fai attenzione...C'è una novità!

Esercizio 3 *(suonalo con la base)*

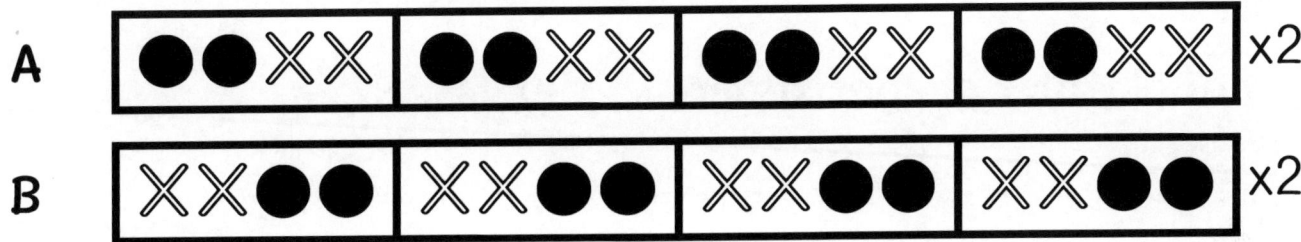

Hai visto? Ogni riga si ripete per due volte!

Esercitati bene, perchè in questo libro suoneremo insieme tantissime musiche, tutte scritte con il metodo Suoni e Silenzi!

p.s. Per approfondire lo studio del metodo Suoni e Silenzi vi consiglio di partire dal mio primo libro, che porta proprio questo nome!

Introduzione

Indicazioni per insegnanti

Nelle pagine precedenti ho cercato di spiegare l'essenziale, sia ad uso dei bambini che degli adulti.

Ora vorrei spendere ancora poche righe destinate a chi vorrà, con questo libro, strutturare un percorso didattico nella propria classe.

Lo scopo del mio progetto divulgativo è quello di portare la musica a tutti i bambini, in modo facile e divertente, anche laddove non vi fossero adulti musicalmente preparati.

Il mio sforzo infatti è quello di creare attività facili, divertenti e coinvolgenti, che tutti possano realizzare con un po' di passione e buona volontà.

Per seguire tutte le attività che pubblico, le iniziative per insegnanti e bambini, la formazione e tanto altro vi basta venire a trovarmi sul mio sito www.liberoiannuzzi.com e su tutte le pagine social che portano il nome Maestro Libero.

Saggio di Natale: progetto pronto per la scuola

Questo libro ti consentirà di realizzare un concerto di grande effetto, qualsiasi classe tu abbia davanti: dai bambini di scuola d'infanzia fino alle classi di scuola secondaria di primo grado, da chi vuole semplicemente cantare a chi desidera integrare la body percussion, gli strumenti ritmici e perchè no anche gli strumenti melodici!

Iniziamo il nostro saggio: La storia delle stelline nella grotta

Il primo capitolo di questo libro contiene un racconto ed una canzone originali, che ti consiglio di utilizzare come apertura del tuo Saggio di Natale. Il racconto di Rocco il Cocco che si inoltra nel presepe sarà lo sfondo integratore per presentare tutti i canti che avrete scelto di eseguire durante il saggio.

Deciderete voi se realizzare il saggio in forma di semplice concerto o di vera e propria recita, con battute, costumi e poesie da alternare ai canti.

In ogni caso, per ognuno dei canti proposti, troverai una breve poesia introduttiva che potrà servire proprio da apertura al canto in questione.

Scegliere il repertorio

Per costruire la scaletta del tuo saggio è bene conoscere il livello di difficoltà di ciascun brano.

Eccoti uno schema:

Brani facili	Brani di media difficoltà
Le stelline nella grotta	Tu scendi dalle stelle
Jingle Bells	Venite fedeli
Gli alberi di Natale	Go tell it on the mountain
Deck the halls	Astro del ciel
We wish you a merry christmas	Gli angeli nelle campagne
	Joy to the world
	The first Noel

Attenzione però: il livello di difficoltà che ti indico si basa sul cantato in italiano. Un brano facile avrà una melodia facile ed un testo facile, mentre un brano medio potrebbe avere una melodia impegnativa ma un testo relativamente semplice, così come il contrario.

Lo stesso brano, in inglese, aumenterà ovviamente di difficoltà, a seconda della competenza in lingua dei tuoi bambini. Nelle primissime canzoni del libro ho comunque adattato i testi in inglese per renderli più semplici degli originali.

Gli arrangiamenti con i Suoni e Silenzi (i pallini) invece sono sempre abbastanza semplici: ho cercato di rendere il tutto più accessibile che potessi. L'unica difficoltà in questo caso sarà la struttura dei brani: tante strofe e ritornelli differenti impongono una partitura più articolata. Ti potrai rendere facilmente conto di ciò semplicemente valutando la lunghezza della partitura.

Se poi hai la fortuna di poter utilizzare strumenti melodici, il livello di difficoltà della melodia si applica anche agli strumenti: dunque se Jingle Bells è facile da cantare, lo sarà anche da suonare con la chitarra o con il flauto, sebbene sia richiesta un minimo di conoscenza delle note e della lettura in pentagramma o tablatura.

Progetto Saggio di Natale
Per suonare e cantare a scuola

DESTINATARI	• Classi di scuola d'infanzia • Classi di scuola primaria • Classi di scuola secondaria di primo grado • Allievi di strumento musicale
DURATA e SVOLGIMENTO	Dalle 4 alle 12 lezioni per la preparazione del repertorio. La preparazione del Saggio di Natale può essere preceduta e seguita dai successivi testi: • SUONI E SILENZI (3-10 anni) • LE QUATTRO STAGIONI (3-8 anni) • PICCOLA ORCHESTRA (6-11 anni) • TUTTI ALLA CHITARRA (5-10 anni) e tutti gli altri libri prossimamente disponibili su www.liberoiannuzzi.com
TRAGUARDI PER LO SVILUPPO DELLE COMPETENZE	**INFANZIA** • Scopre il paesaggio sonoro attraverso attività di percezione e produzione musicale utilizzando voce, corpo e oggetti. • Sperimenta e combina elementi musicali di base, producendo semplici sequenze sonoro-musicali. **PRIMARIA** • Esplora diverse possibilità espressive della voce, di oggetti sonori e strumenti musicali, imparando ad ascoltare se stesso e gli altri • Esegue, da solo e in gruppo, semplici brani vocali o strumentali, appartenenti a generi e culture differenti, utilizzando anche strumenti didattici e auto-costruiti. • Riconosce gli elementi costitutivi di un semplice brano musicale.
METODOLOGIA	Lezione frontale Lezione in cerchio Giochi collettivi Esercitazioni individuali sul quaderno
STRATEGIE PER BES	Utilizzo della LIM e di supporto digitali per DSA con difficoltà di lettura. Predilezione di attività pratiche piuttosto che grafiche Proiezione di video animati per massimizzare l'attenzione

Introduzione

MATERIALI RICHIESTI	**Materiali necessari:** • Il libro Saggio di Natale • uno strumentario ritmico • uno stereo con mp3/bluetooth **Materiali consigliati:** • Libro Suoni e Silenzi • Lim/proiettore • Strumenti melodici (tastiere, flauti, diamoniche...)
OBIETTIVI DI APPRENDIMENTO	**Scuola d'infanzia** Sviluppare il linguaggio attraverso la sillabazione ritmica Sviluppare la coordinazione motoria Riconoscere la pulsazione **Classe 1° primaria** Discriminare i suoni in base all'intensità Sperimentare la distinzione tra Suoni e Silenzi attraverso attività pratiche Produrre suoni con il corpo e gli oggetti **Classe 2° primaria** Discriminare i suoni in base alla durata Classificare i suoni, i silenzi, i rumori Riprodurre ritmi scritti con forme di notazione analogiche Coordinare il movimento con la musica **Classe 3° primaria** Leggere, interpretare e riprodurre la notazione analogica Eseguire canti corali coordinandoli con il movimento corporeo Accompagnare brani musicali con lo strumentario ritmico **Classe 4° primaria** Riconoscere ritmi già conosciuti all'interno di brani musicali celebri Riconoscere i simboli della notazione convenzionale (note e pause) Eseguire brani vocali coordinandoli con la body percussion **Classe 5° primaria** Classificare gli strumenti musicali in famiglie (fiati-archi-percussioni...) Fare uso della notazione musicale convenzionale (note in pentagramma) Improvvisare sequenze ritmiche con la voce, il corpo e lo strumento Conoscere il ruolo della musica nella storia delle civiltà

Capitolo 1

Le stelline nella grotta

Capitolo 1 - Le stelline nella grotta

Filastrocca

BRILLAN LE STELLE NEL BUIO LASSÙ

E ROCCO LE OSSERVA, COL NASO ALL'INSÙ

INCONTRA, AD UN TRATTO, DUE VECCHI PASTORI

VEDONO AL BUIO UNA GROTTA LÀ FUORI

GIACE LÌ UN BIMBO DAI RICCIOLI D'ORO

ASCOLTA IL CANTO DEGLI ANGELI IN CORO

ACCORRE FELICE TUTTA LA GENTE

ANCHE TRE MAGI, CHE VENGON DA ORIENTE...

Capitolo 1 - Le stelline nella grotta

Racconto

Il Natale si avvicina bambini! Tutti noi facciamo l'albero, il presepe, e riempiamo la nostra casa di decorazioni.

Anche Rocco il Cocco ha fatto il presepe, così grande che...ci è caduto dentro! Ora si aggira tra le casette di cartone ed i prati di muschio, in cerca dell'uscita.

Sopra la sua testa il cielo azzurro di carta lucida è pieno di stelle che brillano, e lui con il naso all'insù le osserva tutte...che belle!

Mentre sta lì incantato lo raggiungono due pastori di gesso, vestiti di pelli e con una mappa un po' sgualcita in mano. "Dove andate?" chiede Rocco... "Seguiamo la stella cometa, ci porterà fino alla grotta dove è nato Gesù"

"Wow" esclama Rocco, "Anche io voglio venire con voi", e così tutti insieme si mettono in marcia, alla ricerca della grotta di cartapesta.

Camminando incontrano tantissime statuette: calzolai, pescatori, contadini, zampognari...il presepe di Rocco è davvero fornito! Alla fine comunque raggiungono la grotta di cartapesta dove Maria, Giuseppe, l'asino e il bue sono lì a fare compagnia a Gesù che...si è addormentato!

"Certo", pensa Rocco "Con questa bella ninna nanna...". Infatti c'è un coro di angoletti di gesso che sta cantando una dolce melodia...Rocco la ascolta incantato, quasi quasi vorrebbe anche lui iniziare a cantare quando sente dei passi dietro di sè...sono arrivati tre re!!

Sono vestiti di stoffe lussuose e portano regali per il piccolo bimbo...ma allora sono i Re Magi! Si, si, hanno anche i cammelli di plastica!

Rocco non ha un attimo di esitazione: chiama i pastori, gli angeli, i re magi e tutti gli altri personaggi del presepe ed in un attimo mettono in piedi un vero e proprio coro natalizio, per cantare insieme sotto questo meraviglioso cielo stellato...

Capitolo 1 - Le stelline nella grotta

Svolgimento

Presentazione dell'attività
Leggiamo la filastrocca e la storia, anche con l'ausilio dei disegni a fine capitolo, invitando i bambini a raccontare delle usanze natalizie di ciascuna delle loro famiglie.

Attività vocale
Cantiamo la canzone seguendo il video o la base musicale con le parole. Consegniamo ai bambini il testo illustrato per poter seguire le strofe.

Attività motoria
Individuale, sul posto
Seduti al posto, interpretiamo i vari personaggi della storia con il corpo e la voce:
- **Stelline**: alziamo lo sguardo in alto e con le mani ci allunghiamo verso il cielo, cercando di acchiappare le stelline
- **Pastori**: sbattiamo i piedi a terra a tempo di musica, imitando i passi pesanti dei pastori
- **Angioletti**: mimiamo il gesto di cullare un neonato, dondolando le spalle a tempo di musica.
- **Re magi**: giriamo la testa da entrambi i lati, a tempo con la musica, mimando con le mani un binocolo o un cannocchiale che scruta l'orizzonte

Individuale, nello spazio
Ripetiamo la stessa attività in piedi muovendoci liberamente nello spazio e cantando

Collettiva, in cerchio
Ripetiamo la stessa attività in piedi, in forma di cerchio, eseguendo sempre tutte le parti all'unisono.

Collettiva, per sottogruppi
Dopo aver effettuato alcune volte (anche in giorni diversi) l'attività di movimento libero riproponiamola raggruppandoci per personaggi: un gruppo di stelline, un gruppo di pastori, un gruppo di angioletti ed un gruppo di re magi.
Ogni gruppo dovrà interpretare solo la propria parte.

Attività strumentale
Con la partitura illustrata
Assegniamo ad ogni immagine uno strumento, e dividiamo i bambini in altrettanti gruppi
- Stelline=maracas
- Pastori=tamburi
- Angioletti=maracas
- Re magi=triangoli

Suoniamo il brano seguendo il testo illustrato o il video animato. Possiamo anche fotocopiare le illustrazioni di fine capitolo per mostrarle ingrandite ai bambini.

Con la partitura a pallini
Eseguiamo il brano come indicato dalla partitura a pallini, secondo il Metodo Suoni e Silenzi.

Capitolo 1 - Le stelline nella grotta

Testo illustrato

BRILLANO LASSÙ, BRILLANO LASSÙ
BRILLANO LE STELLE
BRILLANO LASSÙ, BRILLANO LASSÙ
BRILLANO LE STELLE

CERCANO I PASTORI CERCANO LAGGIÙ
CERCANO LA GROTTA CERCANO GESÙ
CERCANO I PASTORI CERCANO LAGGIÙ
CERCANO LA GROTTA CERCANO GESÙ

DORMI PICCOLINO DORMI FAI LA NANNA
DORMI PICCOLINO IN BRACCIO ALLA TUA MAMMA
DORMI PICCOLINO DORMI FAI LA NANNA
DORMI PICCOLINO IN BRACCIO ALLA TUA MAMMA

CERCANO I RE MAGI CERCANO LAGGIÙ
CERCANO LA GROTTA CERCANO GESÙ
CERCANO I RE MAGI CERCANO LAGGIÙ
CERCANO LA GROTTA CERCANO GESÙ

Capitolo 1 - Le stelline nella grotta
Partitura a pallini

Questa partitura è stata scritta con il Metodo Suoni e Silenzi®.
Nell'area online dedicata a questo libro troverai la versione con i colori che identificano gli strumenti.
Riporta i colori sulle schede che consegnerai ai bambini, per facilitarne la lettura.
Per ulteriori chiarimenti consulta l'introduzione a questo libro.

Saggio di Natale — Libero Iannuzzi

Capitolo 1 - Le stelline nella grotta

Partitura vuota

A					x2
	Brillano lassù	brillano lassù	brillano le stel-	le	
B					x2
	Cercano i pastori	cercano laggiù	cercano la grotta	cercano gesù	
C					
	Dormi piccolino	dormi fai la nanna	dormi piccolino in	braccio alla tua mamma	

	x2

D					x2
	Cercano i Re Magi	cercano laggiù	cercano la grotta	cercano Gesù	

Puoi utilizzare questa partitura per esercitarti a scrivere il ritmo con il Metodo Suoni e Silenzi®, o trascrivere la partitura con la notazione convenzionale, o ancora inventare un arrangiamento nuovo.

Saggio di Natale — *Libero Iannuzzi*

Capitolo 1 - Le stelline nella grotta

Melodia originale

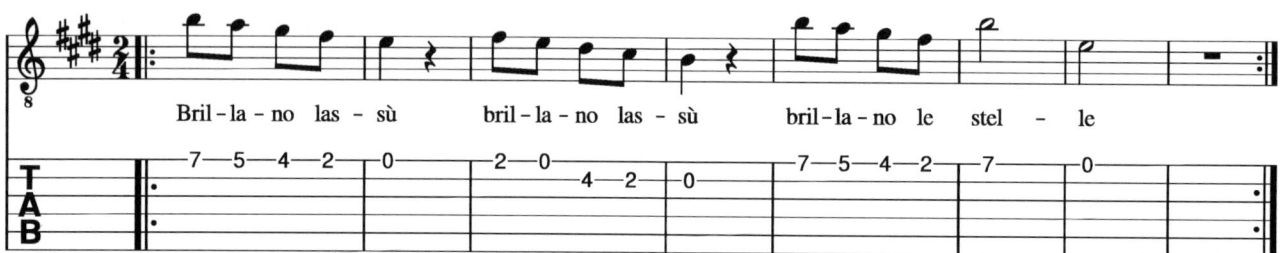

Capitolo 1 - Le stelline nella grotta

Melodia semplificata

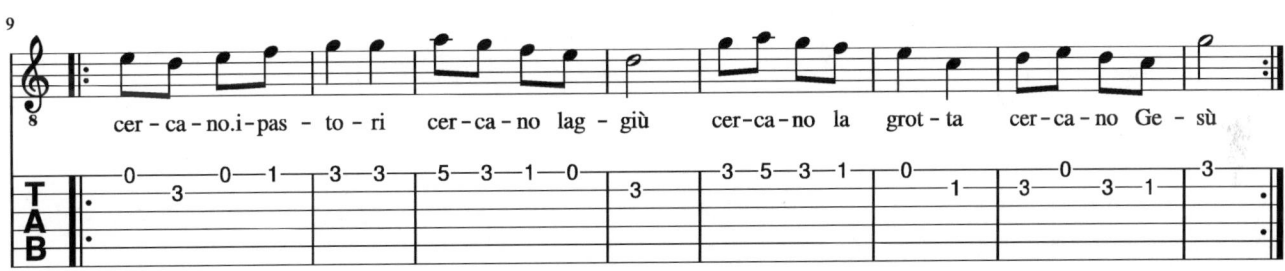

Capitolo 1 - Le stelline nella grotta

Le stelline

Capitolo 1 - Le stelline nella grotta

I pastori

Capitolo 1 - Le stelline nella grotta

Gli angioletti

Saggio di Natale *Libero Iannuzzi*

Capitolo 1 - Le stelline nella grotta

I re magi

Saggio di Natale *Libero Iannuzzi*

Capitolo 2

Jingle Bells

Capitolo 2 - Jingle Bells

Scheda didattica

Titolo originale	One horse open sleigh
Paese di origine	Stati Uniti, 1857
Lingua originale	Inglese
Autore	James Lord Pierpont
Difficoltà	Facile
Durata	02:23
Consigli	Questo brano è molto facile e molto famoso. Nella versione Italiana è adatto a tutti, anche ai bambini di scuola d'infanzia. Nella versione inglese le parole non sono semplicissime, anche per via della velocità della musica, ma può essere un ottimo stimolo per i bambini, che adorano questa canzone.

Basi e video online!
scannerizza il codice o digita
https://liberoiannuzzi.link/sdn-club

Non hai effettuato la registrazione? Segui le indicazioni a pagina 1 del libro!

Capitolo 2 - Jingle Bells

Introduzione

IL NATALE STA ARRIVANDO!!

NON SENTI GIÀ LE CAMPANE?

I CANTI RISUONANO PER LE STRADE...

GLI ALBERI SI ADDOBBANO.

LA SLITTA È PIENA DI PACCHETTI...

ANDIAMO A FARE UN GIRO?

Capitolo 2 - Jingle Bells

Testo in Italiano

DIN DON DAN, DIN DON DAN, CHE FELICITÀ
MA CHE BELLO QUESTA SERA ARRIVERÀ NATAL-E
DIN DON DAN, DIN DON DAN, CHE FELICITÀ
MA CHE BELLO QUESTA SERA ARRIVERÀ NATAL

SULLA NEVE ANDIAM, IN SLITTA A PASSEGGIAR
CON LE BRIGLIE IN MAN, TRA I CAMPI E LA CITTÀ
I CAMPANELLI ABBIAM, PER RIDERE E SUONAR
CHE BELLO FARE FESTA PER L'ARRIVO DEL NATAL-E

DIN DON DAN, DIN DON DAN, CHE FELICITÀ
MA CHE BELLO QUESTA SERA ARRIVERÀ NATAL-E
DIN DON DAN, DIN DON DAN, CHE FELICITÀ
MA CHE BELLO QUESTA SERA ARRIVERÀ NATAL

(STRUMENTALE)

SULLA NEVE ANDIAM, IN SLITTA A PASSEGGIAR
CON LE BRIGLIE IN MAN, TRA I CAMPI E LA CITTÀ
I CAMPANELLI ABBIAM, PER RIDERE E SUONAR
CHE BELLO FARE FESTA PER L'ARRIVO DEL NATAL-E

DIN DON DAN, DIN DON DAN, CHE FELICITÀ
MA CHE BELLO QUESTA SERA ARRIVERÀ NATAL-E
DIN DON DAN, DIN DON DAN, CHE FELICITÀ
MA CHE BELLO QUESTA SERA ARRIVERÀ NATAL
(2 VOLTE, CON FINALE RALLENTATO)

Capitolo 2 - Jingle Bells

Testo in Inglese

JINGLE BELLS, JINGLE BELLS, JINGLE ALL THE WAY.
OH WHAT FUN IT IS TO RIDE IN A ONE-HORSE OPEN SLEIGH (HEY!).
JINGLE BELLS, JINGLE BELLS, JINGLE ALL THE WAY.
OH WHAT FUN IT IS TO RIDE IN A ONE-HORSE OPEN SLEIGH.

DASHING THROUGH THE SNOW IN A ONE-HORSE OPEN SLEIGH,
OVER THE FIELDS WE GO, LAUGHING ALL THE WAY.
BELLS ON BOBTAIL RING, MAKING SPIRITS BRIGHT
WHAT FUN IT IS TO RIDE AND SING A SLEIGHING SONG TONIGHT.

JINGLE BELLS, JINGLE BELLS, JINGLE ALL THE WAY.
OH WHAT FUN IT IS TO RIDE IN A ONE-HORSE OPEN SLEIGH(HEY!)
JINGLE BELLS, JINGLE BELLS, JINGLE ALL THE WAY.
OH WHAT FUN IT IS TO RIDE IN A ONE-HORSE OPEN SLEIGH.

(STRUMENTALE)

A DAY OR TWO AGO I THOUGHT I'D TAKE A RIDE,
AND SOON MISS FANNIE BRIGHT WAS SEATED BY MY SIDE.
THE HORSE WAS LEAN AND LANK, MISFORTUNE SEEMED HIS LOT,
HE GOT INTO A DRIFTED BANK AND THEN WE GOT UPSOT.

JINGLE BELLS, JINGLE BELLS, JINGLE ALL THE WAY.
OH WHAT FUN IT IS TO RIDE IN A ONE-HORSE OPEN SLEIGH (HEY!)
JINGLE BELLS, JINGLE BELLS, JINGLE ALL THE WAY.
OH WHAT FUN IT IS TO RIDE IN A ONE-HORSE OPEN SLEIGH
(2 VOLTE, CON FINALE RALLENTATO)

Capitolo 2 - Jingle Bells

Partitura a pallini

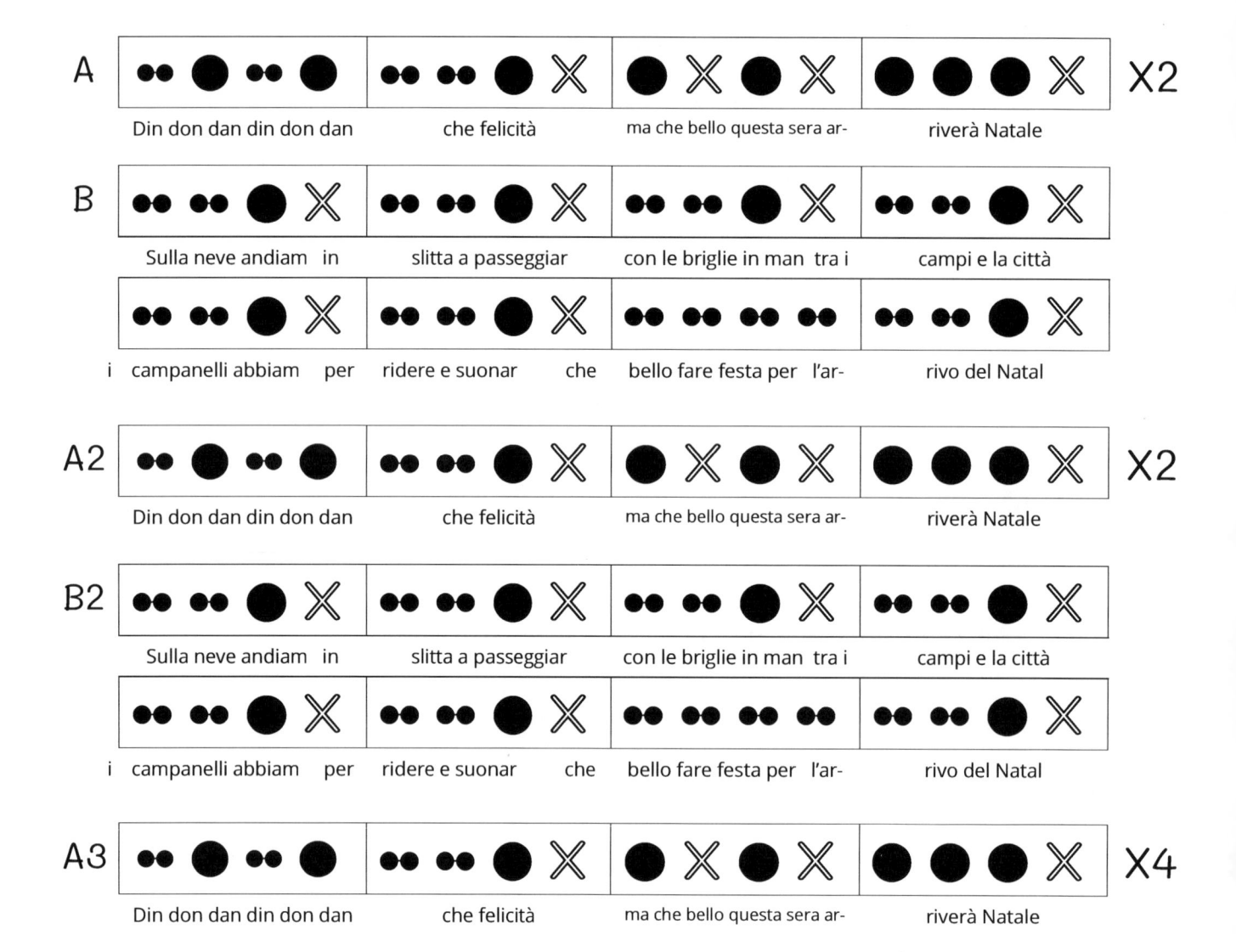

A — Din don dan din don dan | che felicità | ma che bello questa sera ar- | riverà Natale — **X2**

B — Sulla neve andiam in | slitta a passeggiar | con le briglie in man tra i | campi e la città

i campanelli abbiam per | ridere e suonar che | bello fare festa per l'ar- | rivo del Natal

A2 — Din don dan din don dan | che felicità | ma che bello questa sera ar- | riverà Natale — **X2**

B2 — Sulla neve andiam in | slitta a passeggiar | con le briglie in man tra i | campi e la città

i campanelli abbiam per | ridere e suonar che | bello fare festa per l'ar- | rivo del Natal

A3 — Din don dan din don dan | che felicità | ma che bello questa sera ar- | riverà Natale — **X4**

Questa partitura è stata scritta con il Metodo Suoni e Silenzi®.
Nell'area online dedicata a questo libro troverai la versione con i colori che identificano gli strumenti.
Riporta i colori sulle schede che consegnerai ai bambini, per facilitarne la lettura.
Per ulteriori chiarimenti consulta l'introduzione a questo libro.

Capitolo 2 - Jingle Bells

Partitura vuota

A					X2
	Din don dan din don dan	che felicità	ma che bello questa sera ar-	riverà Natale	

B				
	Sulla neve andiam in	slitta a passeggiar	con le briglie in man tra i	campi e la città
	i campanelli abbiam per	ridere e suonar che	bello fare festa per l'ar-	rivo del Natal

A2					X2
	Din don dan din don dan	che felicità	ma che bello questa sera ar-	riverà Natale	

B2				
	Sulla neve andiam in	slitta a passeggiar	con le briglie in man tra i	campi e la città
	i campanelli abbiam per	ridere e suonar che	bello fare festa per l'ar-	rivo del Natal

A3					X4
	Din don dan din don dan	che felicità	ma che bello questa sera ar-	riverà Natale	

Puoi utilizzare questa partitura per esercitarti a scrivere il ritmo con il Metodo Suoni e Silenzi®, o trascrivere la partitura con la notazione convenzionale, o ancora inventare un arrangiamento nuovo.

Saggio di Natale   *Libero Iannuzzi*

Capitolo 2 - Jingle Bells

Melodia originale

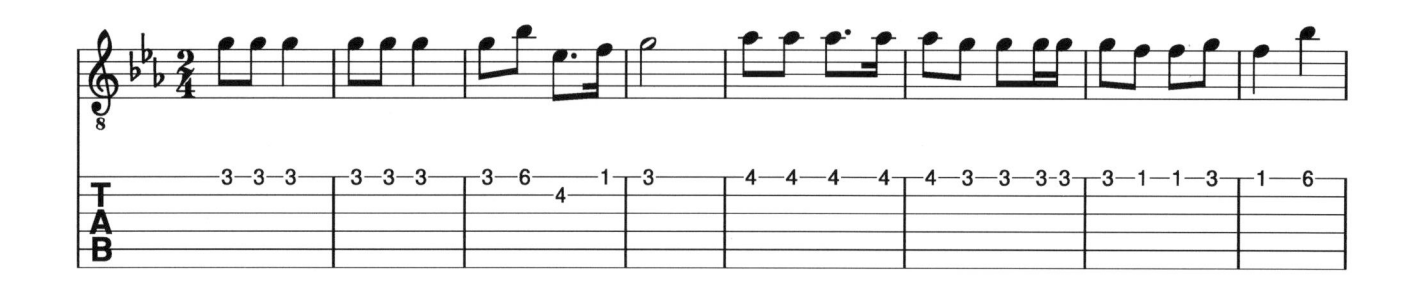

Capitolo 2 - Jingle Bells

Melodia semplificata

Capitolo 3

Gli alberi di natale

Capitolo 3 - Gli alberi di Natale

Scheda didattica

Titolo originale	O tannenbaum
Paese di origine	Germania, 16° secolo
Lingua originale	Tedesco
Autore	Tradizionale
Difficoltà	Facile
Durata	02:24
Consigli	Un brano molto bello e suggestivo, che piacerà a tutti. Nella versione italiana, più facile, il testo contiene riferimenti religiosi. Nella versione inglese ho tolto tutti i riferimenti di questo tipo, per assecondare chi ne avesse necessità. Ho scelto di semplificare il testo in inglese, ripetendo sempre la stessa strofa, per rendere il canto più accessibile anche ai più piccoli. Volendo il testo originale lo si può facilmente reperire online con il titolo Oh Christmas Tree

Basi e video online!
scannerizza il codice o digita
https://liberoiannuzzi.link/sdn-club

Non hai effettuato la registrazione? Segui le indicazioni a pagina 1 del libro!

Capitolo 3 - Gli alberi di Natale

Introduzione

L'ALBERO DI NATALE...

CHI PIÙ DI LUI SA ACCENDERE LA MAGIA DEL NATALE?

LE LUCI...LE PALLINE...I SUOI RAMI VERDI...

TRA LE OMBRE E I COLORI

DI QUESTO SPLENDIDO AMICO

QUASI SENZA ACCORGERCENE...

CI RITROVIAMO A CANTARE!

Testo in Italiano

S'ACCENDONO E BRILLANO GLI ALBERI DI NATALE
S'ACCENDONO E RADUNANO GRANDI E BAMBINI INTORNO
I RAMI SI TRASFORMANO CON BACCHE ROSSE E FILI D'OR
RISPLENDONO, SFAVILLANO GLI ALBERI DI NATALE.

FRA I CANTICI DEGLI ANGELI RITORNA IL BAMBINELLO
RIPOSA NEL PRESEPIO, LO SCALDA L'ASINELLO
I RAMI VERDI TOCCANO LA CAPANNUCCIA DI CARTON
E L'ALBERO ILLUMINA LA CULLA DEL SIGNORE.

ATTORNO ALL'ALBERO C'È TUTTA LA FAMIGLIA
SORRIDONO, SI SCAMBIANO GLI AUGURI ED I REGALI
E COME PER MIRACOLO CI RITROVIAMO BUONI
CI SCALDA E CI PURIFICA LA FESTA DEL NATALE!
CI SCALDA E CI PURIFICA LA FESTA DEL NATALE!

Capitolo 3 - Gli alberi di Natale

Testo in Inglese

O CHRISTMAS TREE, O CHRISTMAS TREE YOU STAND IN SPLENDID BEAUTY
O CHRISTMAS TREE, O CHRISTMAS TREE YOU STAND IN SPLENDID BEAUTY
YOUR BRANCHES GREEN IN SUMMER'S GLOW AND EVERGREEN IN WINTER'S SNOW
O CHRISTMAS TREE, O CHRISTMAS TREE YOU STAND IN SPLENDID BEAUTY

O CHRISTMAS TREE, O CHRISTMAS TREE YOU STAND IN SPLENDID BEAUTY
O CHRISTMAS TREE, O CHRISTMAS TREE YOU STAND IN SPLENDID BEAUTY
YOUR BRANCHES GREEN IN SUMMER'S GLOW AND EVERGREEN IN WINTER'S SNOW
O CHRISTMAS TREE, O CHRISTMAS TREE YOU STAND IN SPLENDID BEAUTY

O CHRISTMAS TREE, O CHRISTMAS TREE YOU STAND IN SPLENDID BEAUTY
O CHRISTMAS TREE, O CHRISTMAS TREE YOU STAND IN SPLENDID BEAUTY
YOUR BRANCHES GREEN IN SUMMER'S GLOW AND EVERGREEN IN WINTER'S SNOW
O CHRISTMAS TREE, O CHRISTMAS TREE YOU STAND IN SPLENDID BEAUTY
O CHRISTMAS TREE, O CHRISTMAS TREE YOU STAND IN SPLENDID BEAUTY

Capitolo 3 - Gli alberi di Natale

Partitura a pallini

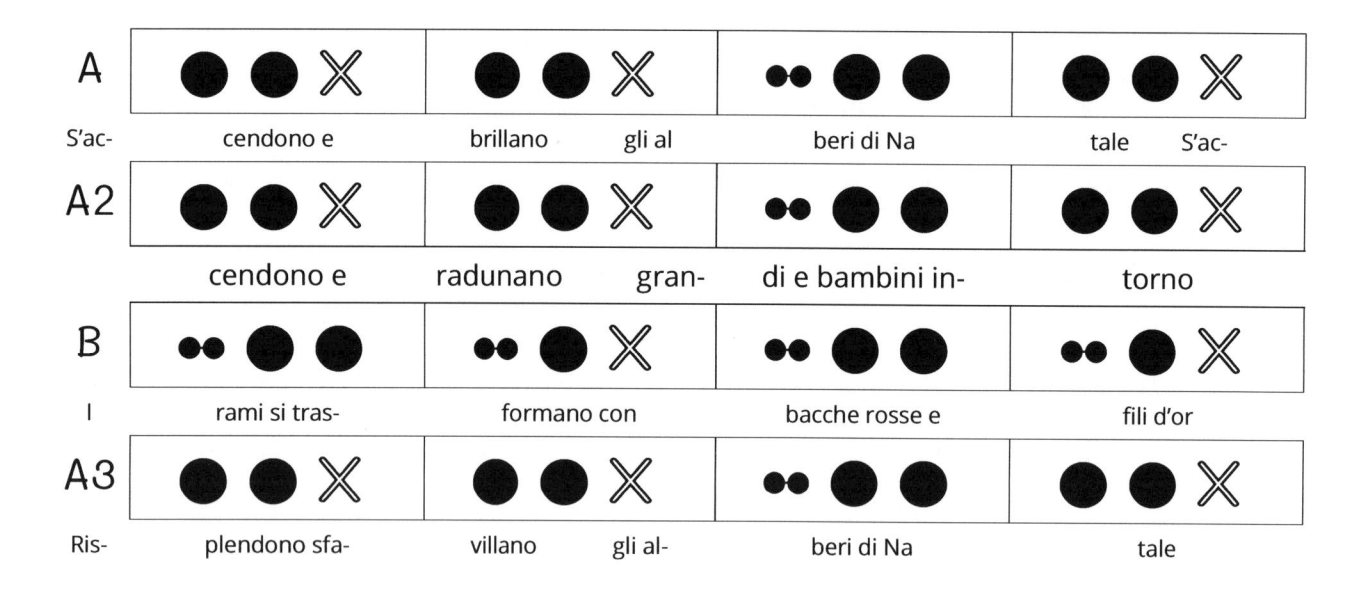

A	● ● ✘	● ● ✘	∙∙ ● ●	● ● ✘
	S'ac- cendono e	brillano gli al	beri di Na	tale S'ac-
A2	● ● ✘	● ● ✘	∙∙ ● ●	● ● ✘
	cendono e	radunano gran-	di e bambini in-	torno
B	∙∙ ● ●	∙∙ ● ✘	∙∙ ● ●	∙∙ ● ✘
I	rami si tras-	formano con	bacche rosse e	fili d'or
A3	● ● ✘	● ● ✘	∙∙ ● ●	● ● ✘
	Ris- plendono sfa-	villano gli al-	beri di Na	tale

Questa partitura è stata scritta con il Metodo Suoni e Silenzi®.
Nell'area online dedicata a questo libro troverai la versione con i colori che identificano gli strumenti.
Riporta i colori sulle schede che consegnerai ai bambini, per facilitarne la lettura.
Per ulteriori chiarimenti consulta l'introduzione a questo libro.

Capitolo 3 - Gli alberi di Natale

Partitura vuota

A				
S'ac-	cendono e	brillano gli al	beri di Na	tale S'ac-
A2				
	cendono e	radunano gran-	di e bambini in-	torno
B				
I	rami si tras-	formano con	bacche rosse e	fili d'or
A3				
Ris-	plendono sfa-	villano gli al-	beri di Na	tale

Puoi utilizzare questa partitura per esercitarti a scrivere il ritmo con il Metodo Suoni e Silenzi®, o trascrivere la partitura con la notazione convenzionale, o ancora inventare un arrangiamento nuovo.

Capitolo 3 - Gli alberi di Natale

Melodia originale

Saggio di Natale — *Libero Iannuzzi*

Capitolo 3 - Gli alberi di Natale

Melodia semplificata

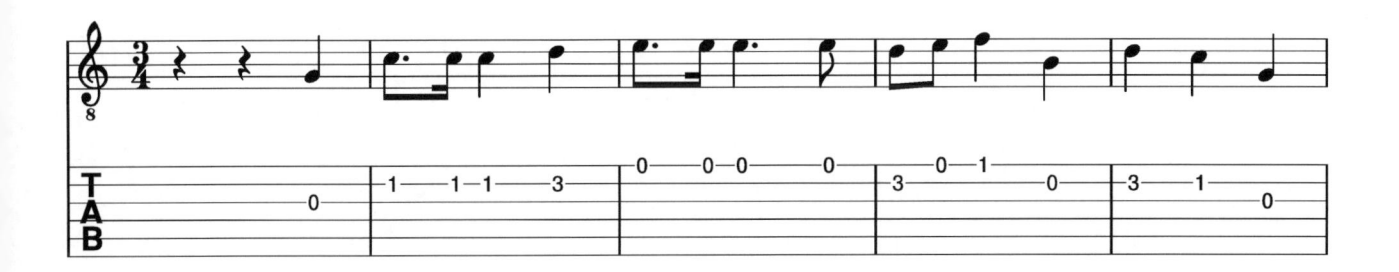

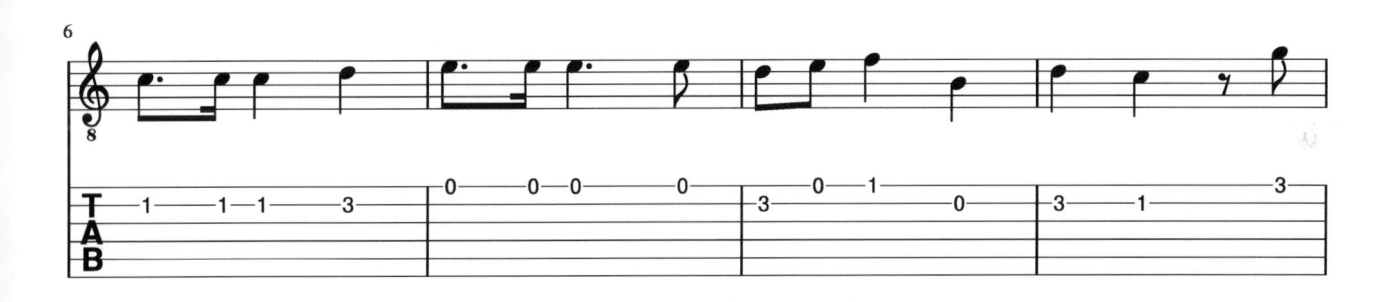

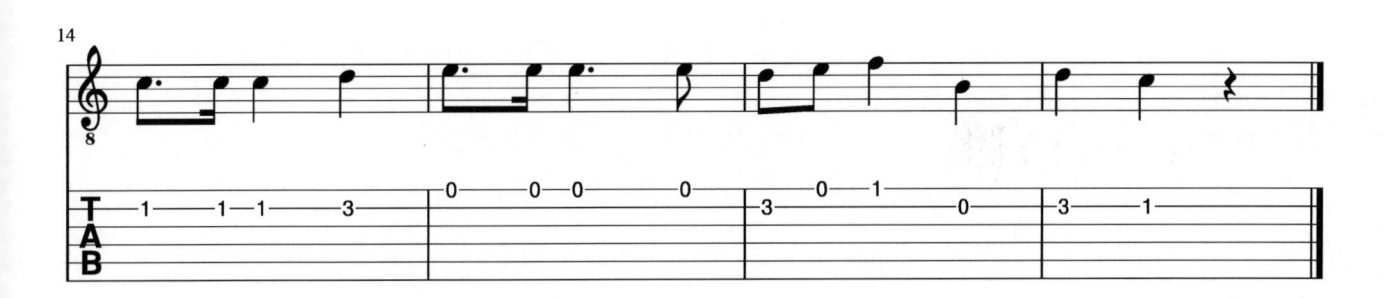

Saggio di Natale — *Libero Iannuzzi*

Capitolo 4

Tu scendi dalle stelle

Saggio di Natale 55 *Libero Iannuzzi*

Capitolo 4 - Tu scendi dalle stelle

Scheda didattica

Titolo originale	Quanno nascette ninno
Paese di origine	Italia, 1754
Lingua originale	Dialetto Napoletano
Autore	Sant'Alfonso Maria de' Liguori
Difficoltà	Media
Durata	02:58
Consigli	La canzone natalizia italiana per eccellenza! Scritta originariamente in napoletano e successivamente riaddattata anche in italiano. Con il suo ritmo cantilenato è l'accompagnamento ideale per una processione di pastori. Spesso eseguita con le zampogne natalizie, può essere molto indicata per un ingresso in processione. Il testo è marcatamente religioso, ed essendo una canzone tipicamente italiana non mi sembrava sensato proporre una versione inglese. Non è facilissima, per via del suo ritmo sincopato e della sintassi del testo.

Basi e video online!
scannerizza il codice o digita
https://liberoiannuzzi.link/sdn-club
Non hai effettuato la registrazione? Segui le indicazioni a pagina 1 del libro!

Capitolo 4 - Tu scendi dalle stelle

Introduzione

AVVICINIAMOCI ALLA GROTTA

I PASTORI SONO GIÀ ARRIVATI.

SUONA UNA MUSICA LONTANA...

SPLENDE LA STELLA...

È NATALE!

IL BAMBINO GESÙ È NATO!

PRESTO, CANTIAMO PER LUI!

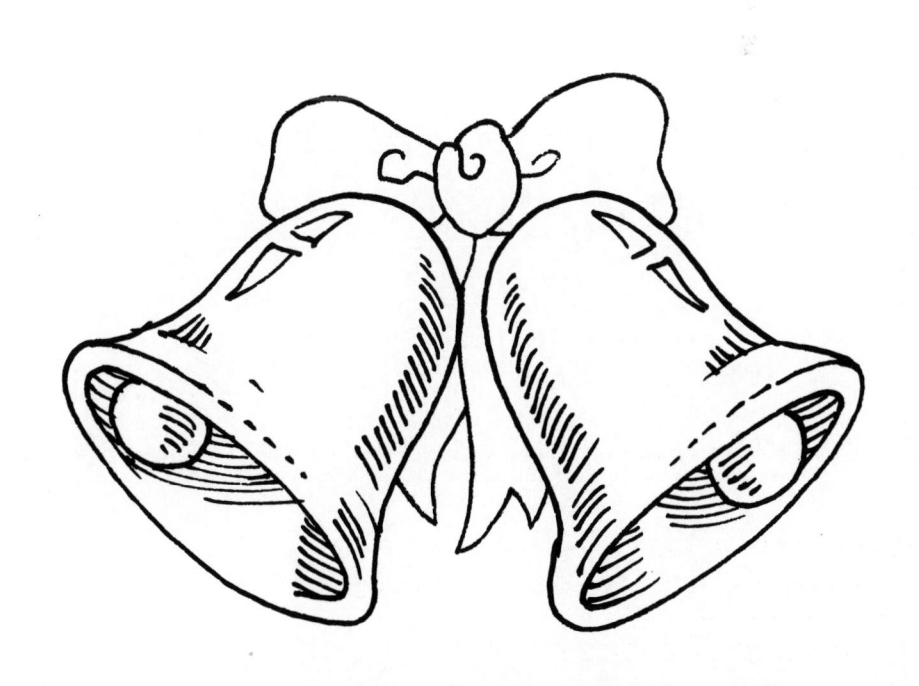

Testo in Italiano

TU SCENDI DALLE STELLE, O RE DEL CIELO,
E VIENI IN UNA GROTTA AL FREDDO E AL GELO
E VIENI IN UNA GROTTA AL FREDDO E AL GELO
O BAMBINO MIO DIVINO,
IO TI VEDO QUI A TREMAR;
O DIO BEATO !
AH, QUANTO TI COSTÒ L'AVERMI AMATO !
AH, QUANTO TI COSTÒ L'AVERMI AMATO !

A TE, CHE SEI DEL MONDO IL CREATORE,
MANCANO PANNI E FUOCO, O MIO SIGNORE
MANCANO PANNI E FUOCO, O MIO SIGNORE.
CARO ELETTO PARGOLETTO,
QUANTO QUESTA POVERTÀ
PIÙ M'INNAMORA,
GIACCHÉ TI FECE AMOR POVERO ANCORA
GIACCHÉ TI FECE AMOR POVERO ANCORA.

Capitolo 4 - Tu scendi dalle stelle

Testo in Napoletano

Il testo originale, in dialetto napoletano, non è stato registrato nelle basi musicali; ne allego comunque una parte (il testo integrale si compone di ventisette strofe)

QUANNO NASCETTE NINNO A BETTLEMME
ERA NOTTE E PAREVA MIEZO JUORNO
MAJE LE STELLE LUSTRE E BELLE SE VEDETTENO ACCOSSÍ:
E A CHIÙ LUCENTE
JETTE A CHIAMMÀ LI MAGGE 'A LL'URIENTE.

E PRESSA SE SCETAJENO LL'AUCIELLE
CANTANNO DE NA FORMA TUTTA NOVA:
PE 'NSÍ AGRILLE CO LI STRILLE,
E ZOMPANNO ACCÀ E ALLÀ;
È NATO, È NATO,
DECEVANO, LO DIO, CHE NC'HA CRIATO.

CO TUTTO CH'ERA VIERNO, NINNO BELLO,
NASCETTENO A MIGLIARA ROSE E SCIURE.
PE 'NSÍ O FIENO SICCO E TUOSTO
CHE FUJE PUOSTO SOTTO A TE,
SE 'NFIGLIULETTE,
E DE FRUNNELLE E SCIURE SE VESTETTE.

A NO PAESE CHE SE CHIAMMA NGADDE,
SCIURETTERO LE BIGNE E ASCETTE LL'UVA.
NINNO MIO SAPURITIELLO,
RAPPUSCIELLO D'UVA SÌ TU;
CA TUTT'AMORE
FAJE DOCE A VOCCA, E PO 'MBRIACHE O CORE.

Capitolo 4 - Tu scendi dalle stelle

Partitura a pallini

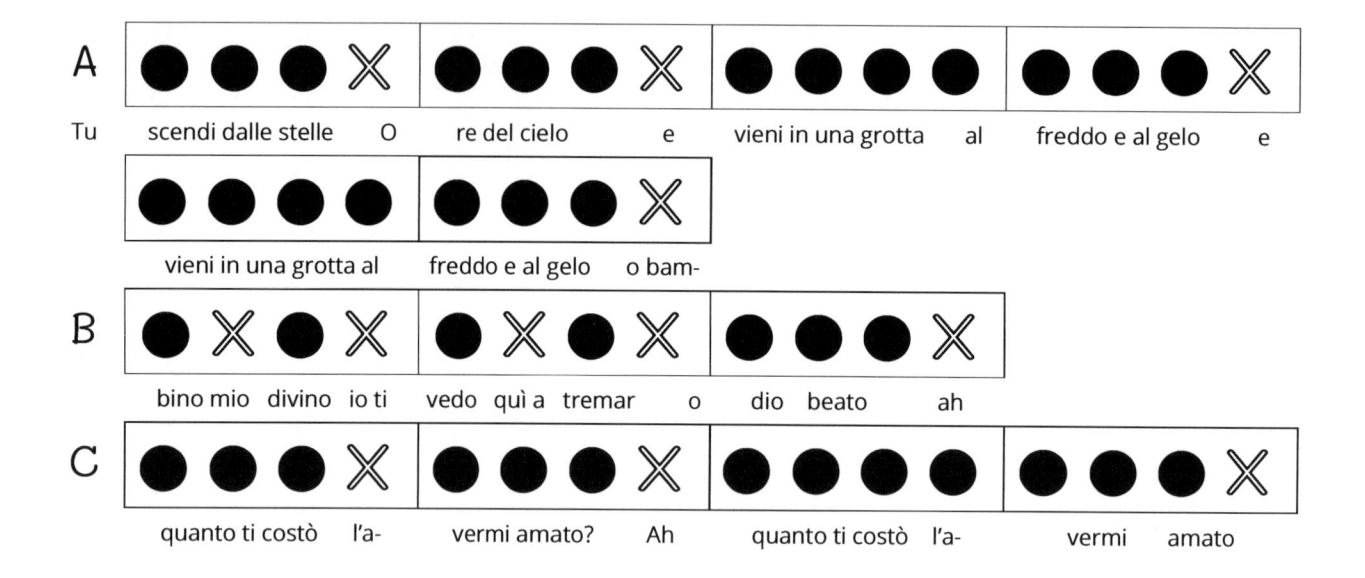

A | ● ● ● ✗ | ● ● ● ✗ | ● ● ● ● | ● ● ● ✗ |

Tu   scendi dalle stelle   O   re del cielo   e   vieni in una grotta   al   freddo e al gelo   e

| ● ● ● ● | ● ● ● ✗ |

vieni in una grotta al   freddo e al gelo   o bam-

B | ● ✗ ● ✗ | ● ✗ ● ✗ | ● ● ● ✗ |

bino mio   divino   io ti   vedo   quì a   tremar   o   dio   beato   ah

C | ● ● ● ✗ | ● ● ● ✗ | ● ● ● ● | ● ● ● ✗ |

quanto ti costò   l'a-   vermi amato?   Ah   quanto ti costò   l'a-   vermi   amato

Questa partitura è stata scritta con il Metodo Suoni e Silenzi®.
Nell'area online dedicata a questo libro troverai la versione con i colori che identificano gli strumenti.
Riporta i colori sulle schede che consegnerai ai bambini, per facilitarne la lettura.
Per ulteriori chiarimenti consulta l'introduzione a questo libro.

Saggio di Natale   *Libero Iannuzzi*

Capitolo 4 - Tu scendi dalle stelle

Partitura vuota

A				
Tu	scendi dalle stelle O	re del cielo e	vieni in una grotta al	freddo e al gelo e

vieni in una grotta al	freddo e al gelo o bam-

B			
bino mio divino io ti	vedo quì a tremar o	dio beato ah

C				
quanto ti costò l'a-	vermi amato? Ah	quanto ti costò l'a-	vermi amato

Puoi utilizzare questa partitura per esercitarti a scrivere il ritmo con il Metodo Suoni e Silenzi®, o trascrivere la partitura con la notazione convenzionale, o ancora inventare un arrangiamento nuovo.

Capitolo 4 - Tu scendi dalle stelle

Melodia originale

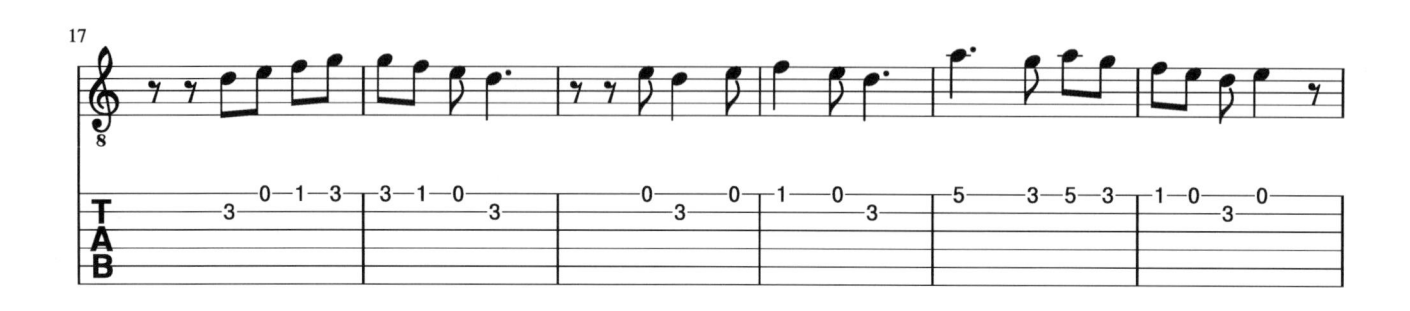

Capitolo 4 - Tu scendi dalle stelle

Melodia semplificata

Saggio di Natale — *Libero Iannuzzi*

Capitolo 5

Venite fedeli

Capitolo 5 - Venite fedeli

Scheda didattica

Titolo originale	Adeste fideles
Paese di origine	Francia, 18° secolo
Lingua originale	Latino
Autore	Anonimo
Difficoltà	Media
Durata	02:25
Consigli	Un brano decisamente solenne, se eseguito a dovere farà un figurone! La sua difficoltà è dovuta alla melodia articolata e alle lunghe note del ritornello, che concedono poco tempo per prendere aria. Se vorrete cimentarvi con il latino farete un figurone, anche se certamente non sarà semplice. Non fatevi scoraggiare però! I bambini sono molto più bravi di noi a memorizzare parole in altre lingue, pur non conoscendone il significato

Basi e video online!
scannerizza il codice o digita
https://liberoiannuzzi.link/sdn-club
Non hai effettuato la registrazione? Segui le indicazioni a pagina 1 del libro!

Capitolo 5 - Venite fedeli

Introduzione

VENITE, CORRETE!

POPOLI DI TUTTA LA TERRA,

ACCORRETE A BETLEMME!

SUONANO LE CAMPANE

LA STELLA SI È POSATA SU UNA GROTTA

SARÀ DAVVERO NATO IL RE DEI RE?

Testo in Italiano

VENITE, FEDELI, L'ANGELO CI INVITA,
VENITE, VENITE A BETLEMME.
NASCE PER NOI CRISTO SALVATORE.

VENITE, ADORIAMO,
VENITE, ADORIAMO,
VENITE, ADORIAMO IL SIGNORE GESÙ!

LA LUCE DEL MONDO BRILLA IN UNA GROTTA:
LA FEDE CI GUIDA A BETLEMME.
NASCE PER NOI CRISTO SALVATORE.

VENITE, ADORIAMO,
VENITE, ADORIAMO,
VENITE, ADORIAMO IL SIGNORE GESÙ,
VENITE, ADORIAMO IL SIGNORE GESÙ!

Capitolo 5 - Venite fedeli

Testo in Latino

ADESTE FIDELES LAETI TRIUMPHANTES,
VENITE, VENITE IN BETHLEHEM.
NATUM VIDETE REGEM ANGELORUM.

VENITE ADOREMUS
VENITE ADOREMUS
VENITE ADOREMUS DOMINUM.

EN GREGE RELICTO HUMILES AD CUNAS,
VOCATI PASTORES ADPROPERANT,
ET NOS OVANTI GRADU FESTINEMUS.

VENITE ADOREMUS,
VENITE ADOREMUS,
VENITE ADOREMUS DOMINUM,
VENITE ADOREMUS DOMINUM.

Capitolo 5 - Venite fedeli

Partitura a pallini

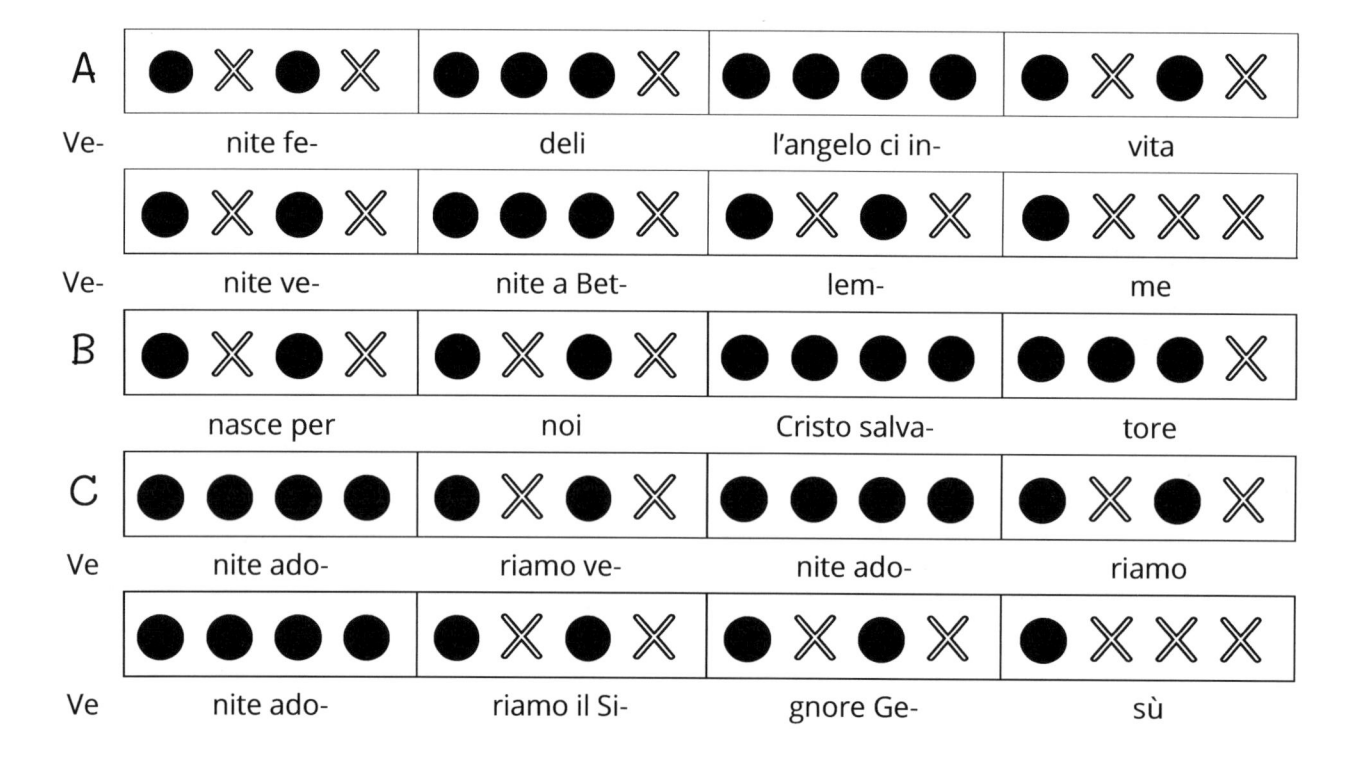

A | ● ✗ ● ✗ | ● ● ● ✗ | ● ● ● ● | ● ✗ ● ✗ |
Ve-   nite fe-   deli   l'angelo ci in-   vita

| ● ✗ ● ✗ | ● ● ● ✗ | ● ✗ ● ✗ | ● ✗ ✗ ✗ |
Ve-   nite ve-   nite a Bet-   lem-   me

B | ● ✗ ● ✗ | ● ✗ ● ✗ | ● ● ● ● | ● ● ● ✗ |
nasce per   noi   Cristo salva-   tore

C | ● ● ● ● | ● ✗ ● ✗ | ● ● ● ● | ● ✗ ● ✗ |
Ve   nite ado-   riamo ve-   nite ado-   riamo

| ● ● ● ● | ● ✗ ● ✗ | ● ✗ ● ✗ | ● ✗ ✗ ✗ |
Ve   nite ado-   riamo il Si-   gnore Ge-   sù

Questa partitura è stata scritta con il Metodo Suoni e Silenzi®.
Nell'area online dedicata a questo libro troverai la versione con i colori che identificano gli strumenti.
Riporta i colori sulle schede che consegnerai ai bambini, per facilitarne la lettura.
Per ulteriori chiarimenti consulta l'introduzione a questo libro.

Capitolo 5 - Venite fedeli

Partitura vuota

A				
Ve-	nite fe-	deli	l'angelo ci in-	vita
Ve-	nite ve-	nite a Bet-	lem-	me

B				
	nasce per	noi	Cristo salva-	tore

C				
Ve	nite ado-	riamo ve-	nite ado-	riamo
Ve	nite ado-	riamo il Si-	gnore Ge-	sù

Puoi utilizzare questa partitura per esercitarti a scrivere il ritmo con il Metodo Suoni e Silenzi®, o trascrivere la partitura con la notazione convenzionale, o ancora inventare un arrangiamento nuovo.

Capitolo 5 - Venite fedeli

Melodia originale

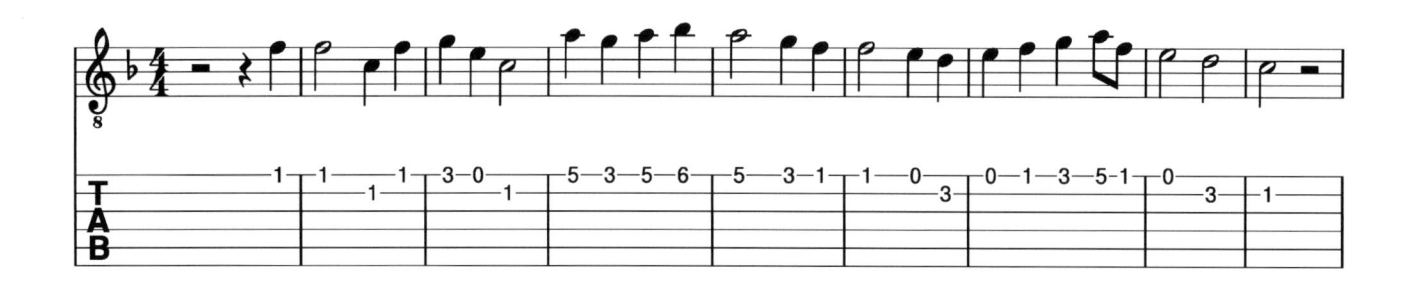

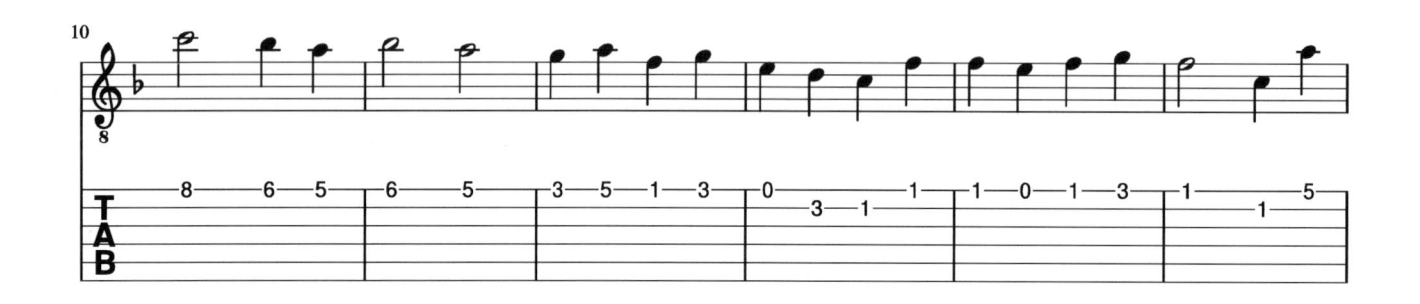

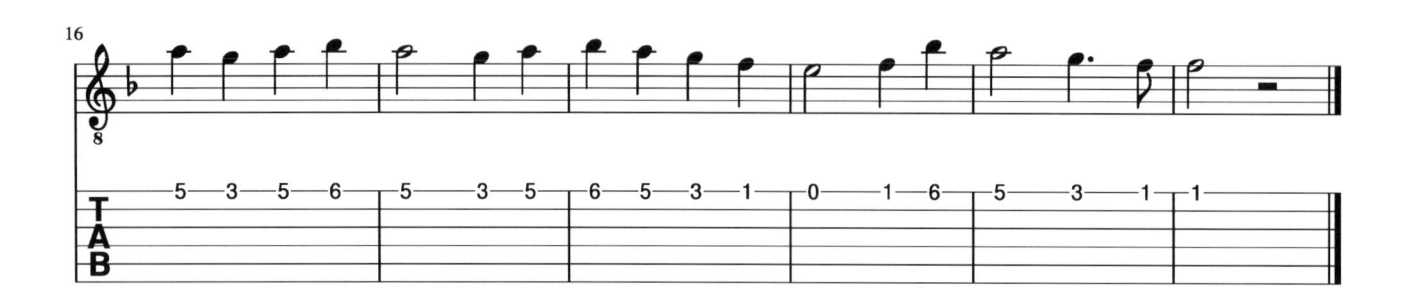

Capitolo 5 - Venite fedeli

Melodia semplificata

Capitolo 6

Go tell it on the mountain

Saggio di Natale *Libero Iannuzzi*

Capitolo 6 - Go tell it on the mountain

Scheda didattica

Titolo originale	Go tell it on the mountain
Paese di origine	Stati Uniti, 1907
Lingua originale	Inglese
Autore	John Wesley Work Jr.
Difficoltà	Medio
Durata	01:52
Consigli	Un bellissimo gospel classico della tradizione afro-americana. Il ritmo travolgente lo rende ideale per un finale scoppiettante! In italiano è molto facile, in Inglese anche, visto che le parole non sono molte. Nella versione inglese (originale) ci sono delle parole dal contenuto religioso che ho rimosso nella versione italiana, per renderla compatibile con le esigenze di tutti. Alzate bene il volume, e fate battere le mani al pubblico!

Basi e video online!

scannerizza il codice o digita
https://liberoiannuzzi.link/sdn-club
Non hai effettuato la registrazione? Segui le indicazioni a pagina 1 del libro!

Capitolo 6 - Go tell it on the mountain

Introduzione

L'ECO RISUONA DA TUTTE LE MONTAGNE,

IL GRANDE GIORNO È ARRIVATO!

DI CITTÀ IN CITTÀ

DI VILLAGGIO IN VILLAGGIO

TUTTI CANTANO E FANNO FESTA

PER L'ARRIVO DEL NATALE!

Testo in Italiano

VAI DILLO A TUTTI QUANTI
SULLE COLLINE FIN LAGGIÙ
VAI DILLO A TUTTI QUANTI
NATALE ARRIVERÀ

SCRIVI LA TUA LETTERA
COI REGALI DI NATALE
SCRIVI LA TUA LETTERA
CHISSÀ SE ARRIVERÀ...DAI

VAI DILLO A TUTTI QUANTI
SULLE COLLINE FIN LAGGIÙ
VAI DILLO A TUTTI QUANTI
NATALE ARRIVERÀ-A

PREPARIAMO L'ALBERO
CON I FILI ROSSI E BLU
PREPARIAMO L'ALBERO
PER FESTEGGIAR NATAL...DAI

VAI DILLO A TUTTI QUANTI
SULLE COLLINE FIN LAGGIÙ
VAI DILLO A TUTTI QUANTI
NATALE ARRIVERÀ-A
NATALE ARRIVERÀ-A
NATA-LE ARR-IVE-RÀ

Capitolo 6 - Go tell it on the mountain

Testo in Inglese

**GO TELL IT ON THE MOUNTAIN
OVER THE HILLS AND EVERYWHERE
GO TELL IT ON THE MOUNTAIN
THAT JESUS CHRIST IS BORN**

WHEN I WAS A SEEKER
I SOUGHT BOTH NIGHT AND DAY
I ASKED THE LORD TO HELP ME
AND HE SHOWED ME THE WAY

**GO TELL IT ON THE MOUNTAIN
OVER THE HILLS AND EVERYWHERE
GO TELL IT ON THE MOUNTAIN
THAT JESUS CHRIST IS BORN**

HE MADE ME A WATCHMAN
UPON A CITY WALL
AND IF I AM A CHRISTIAN
I AM THE LEAST OF ALL

**GO TELL IT ON THE MOUNTAIN
OVER THE HILLS AND EVERYWHERE
GO TELL IT ON THE MOUNTAIN
THAT JESUS CHRIST IS BORN
THAT JESUS CHRIST IS BORN
THAT JE-SUS CHRIST IS BORN**

Capitolo 6 - Go tell it on the mountain

Partitura a pallini

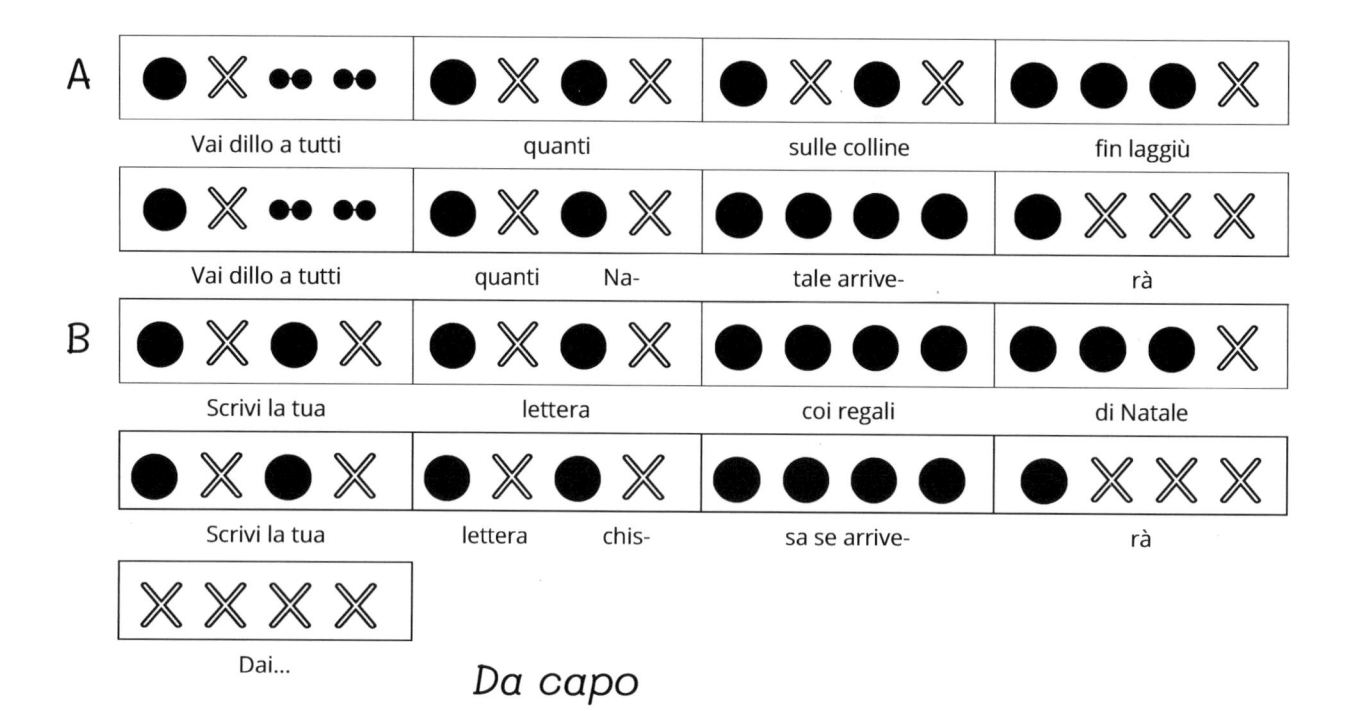

A:
● ✕ •• ••	● ✕ ● ✕	● ✕ ● ✕	● ● ● ✕
Vai dillo a tutti	quanti	sulle colline	fin laggiù
● ✕ •• ••	● ✕ ● ✕	● ● ● ●	● ✕ ✕ ✕
Vai dillo a tutti	quanti Na-	tale arrive-	rà

B:
● ✕ ● ✕	● ✕ ● ✕	● ● ● ●	● ● ● ✕
Scrivi la tua	lettera	coi regali	di Natale
● ✕ ● ✕	● ✕ ● ✕	● ● ● ●	● ✕ ✕ ✕
Scrivi la tua	lettera chis-	sa se arrive-	rà

✕ ✕ ✕ ✕
Dai...

Da capo

Finale

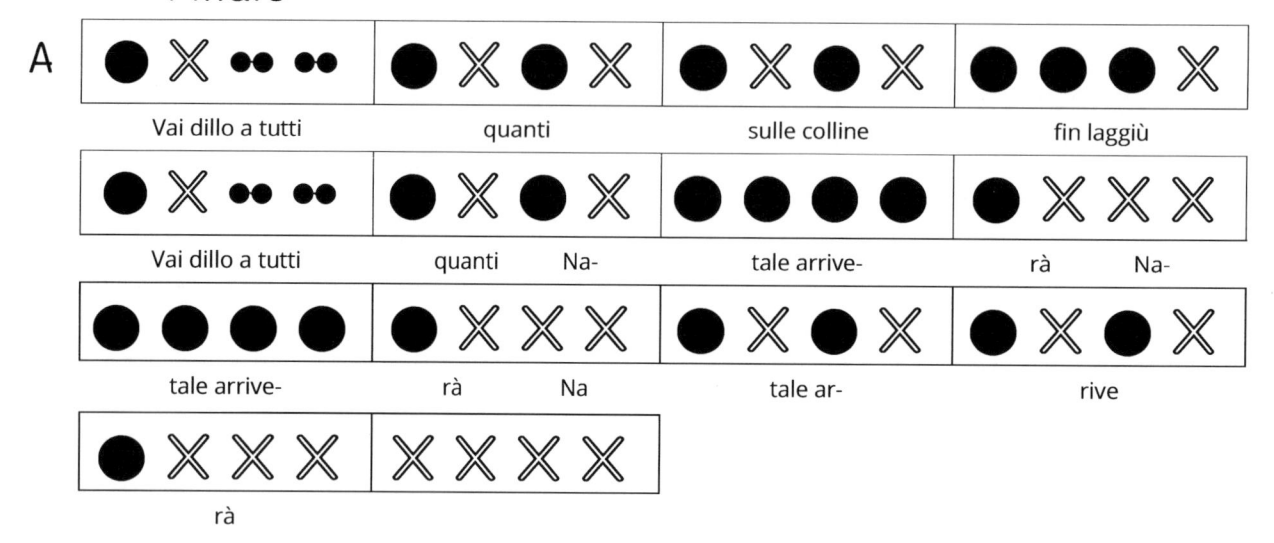

A:
● ✕ •• ••	● ✕ ● ✕	● ✕ ● ✕	● ● ● ✕
Vai dillo a tutti	quanti	sulle colline	fin laggiù
● ✕ •• ••	● ✕ ● ✕	● ● ● ●	● ✕ ✕ ✕
Vai dillo a tutti	quanti Na-	tale arrive-	rà Na-
● ● ● ●	● ✕ ✕ ✕	● ✕ ● ✕	● ✕ ● ✕
tale arrive-	rà Na	tale ar-	rive

● ✕ ✕ ✕	✕ ✕ ✕ ✕
rà	

Questa partitura è stata scritta con il Metodo Suoni e Silenzi®.
Nell'area online dedicata a questo libro troverai la versione con i colori che identificano gli strumenti.
Riporta i colori sulle schede che consegnerai ai bambini, per facilitarne la lettura.
Per ulteriori chiarimenti consulta l'introduzione a questo libro.

Capitolo 6 - Go tell it on the mountain

Partitura vuota

A
Vai dillo a tutti	quanti	sulle colline	fin laggiù

Vai dillo a tutti	quanti Na-	tale arrive-	rà

B
Scrivi la tua	lettera	coi regali	di Natale

Scrivi la tua	lettera chis-	sa se arrive-	rà

Dai...

Da capo

Finale

A
Vai dillo a tutti	quanti	sulle colline	fin laggiù

Vai dillo a tutti	quanti Na-	tale arrive-	rà Na-

tale arrive-	rà Na	tale ar-	rive

rà	

Puoi utilizzare questa partitura per esercitarti a scrivere il ritmo con il Metodo *Suoni e Silenzi*®, o trascrivere la partitura con la notazione convenzionale, o ancora inventare un arrangiamento nuovo.

Capitolo 6 - Go tell it on the mountain

Melodia originale

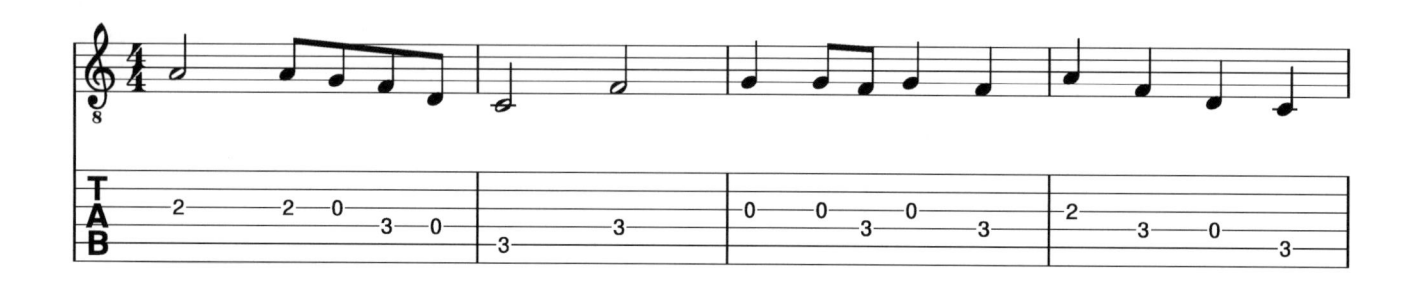

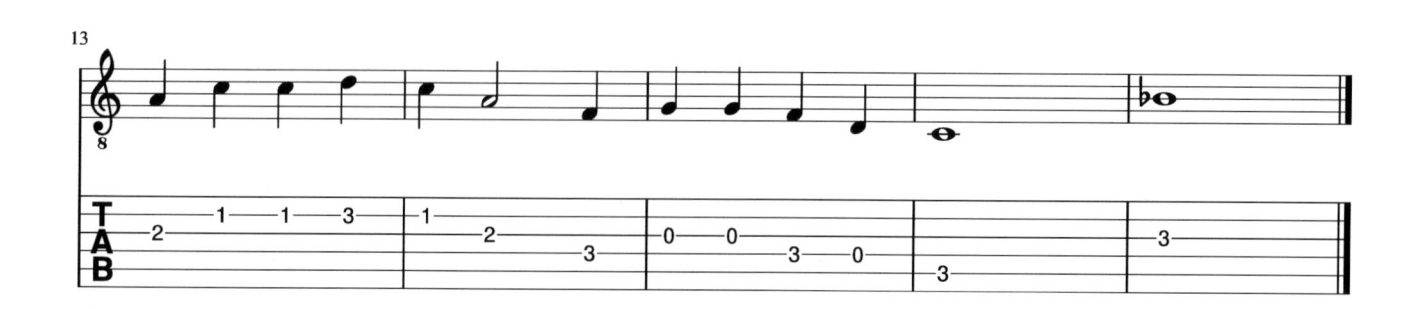

Saggio di Natale — *Libero Iannuzzi*

Capitolo 6 - Go tell it on the mountain

Melodia semplificata

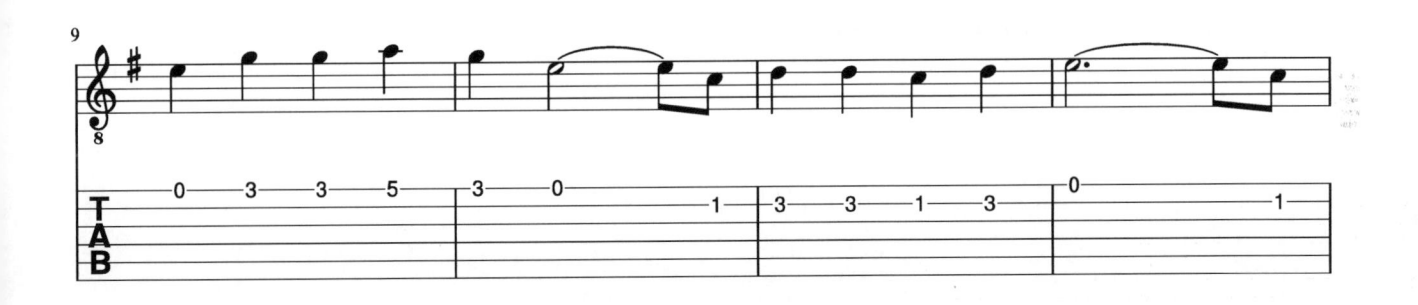

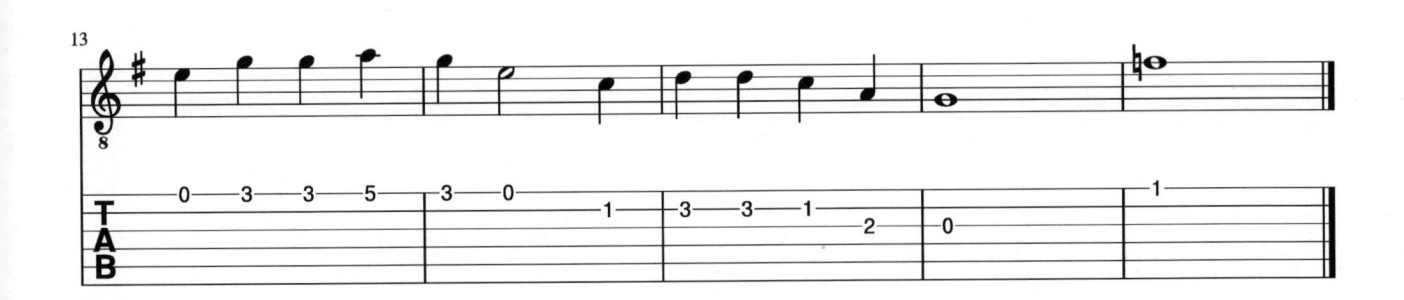

Saggio di Natale — *Libero Iannuzzi*

Capitolo 7

Astro del ciel

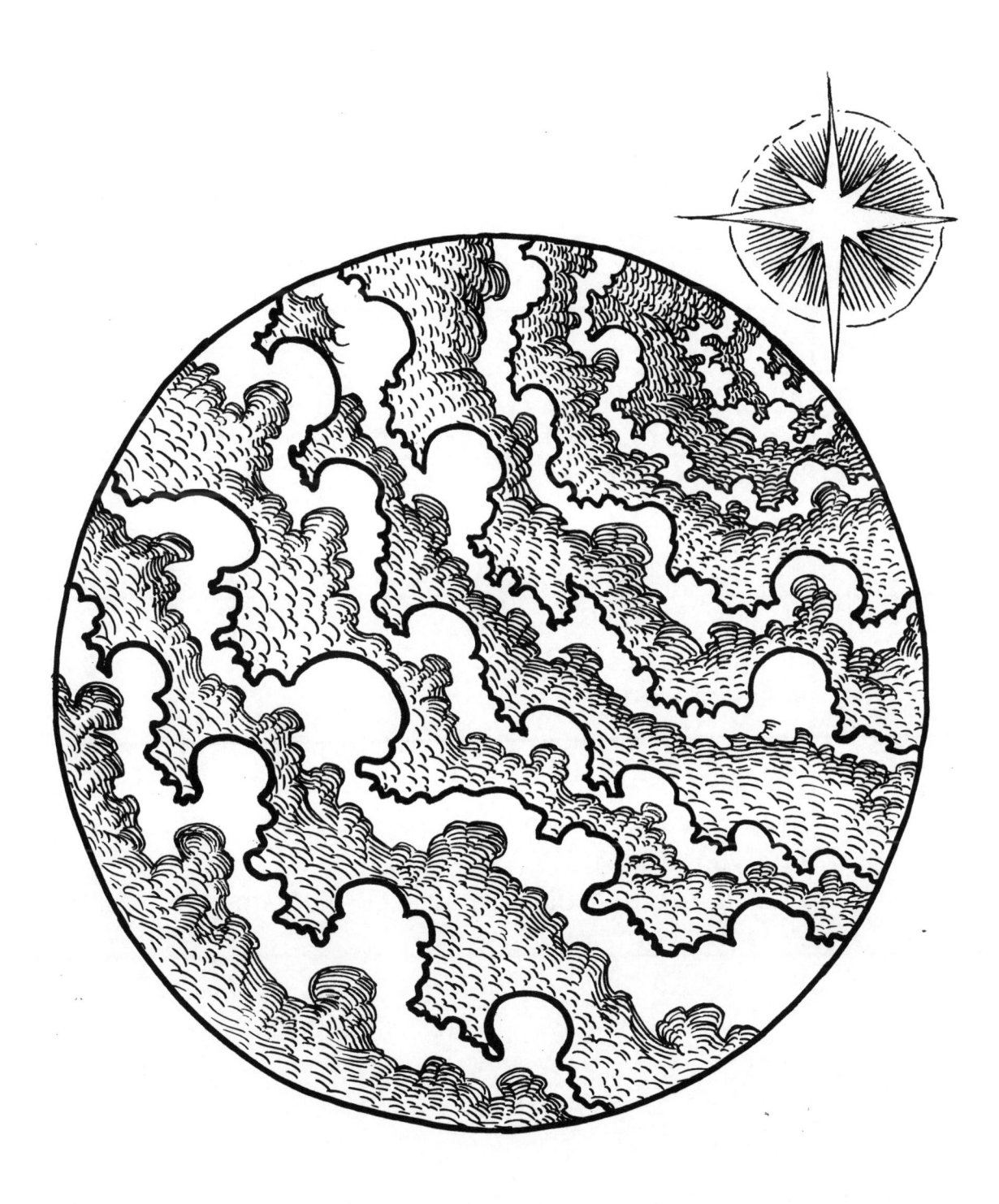

Capitolo 7 - Astro del ciel

Scheda didattica

Titolo originale	Stille Nacht, heilige Nacht
Paese di origine	Austria, 1818
Lingua originale	Tedesco
Autore	Joseph Mohr (testo) Franz Xaver Gruber (musica)
Difficoltà	Medio-difficile
Durata	02:38
Consigli	Un altro brano lento, solenne, ma non facile. Richiede un'estensione non da poco, e una buona tenuta sulle note lunghe. I riferimenti religiosi sono evidenti, sia nella versione italiana che inglese. In questo caso non ho voluto snaturare il testo, visto che è molto famoso anche in inglese. Può essere eseguito a più voci, dividendo le frasi tra vari gruppi di bambini.

Basi e video online!
scannerizza il codice o digita
https://liberoiannuzzi.link/sdn-club
Non hai effettuato la registrazione? Segui le indicazioni a pagina 1 del libro!

Capitolo 7 - Astro del ciel

Introduzione

ATTORNO ALLA MANGIATOIA

IN SILENZIO

E CONTEMPLAZIONE

CANTIAMO INSIEME QUESTO CANTO

PER ANNUNCIARE L'ARRIVO DEL NATALE

A TUTTI I POPOLI DELLA TERRA

Testo in Italiano

ASTRO DEL CIEL, PARGOL DIVIN,
MITE AGNELLO REDENTOR!
TU CHE I VATI DA LUNGI SOGNAR,
TU CHE ANGELICHE VOCI ANNUNZIAR,
LUCE DONA ALLE MENTI, PACE INFONDI NEI CUOR!
LUCE DONA ALLE MENTI, PACE INFONDI NEI CUOR!

ASTRO DEL CIEL, PARGOL DIVIN,
MITE AGNELLO REDENTOR!
TU DI STIRPE REGALE DECOR,
TU VIRGINEO, MISTICO FIOR,
LUCE DONA ALLE MENTI, PACE INFONDI NEI CUOR!
LUCE DONA ALLE MENTI, PACE INFONDI NEI CUOR!

Testo in Inglese

SILENT NIGHT, HOLY NIGHT!
ALL IS CALM, ALL IS BRIGHT
ROUND YON VIRGIN, MOTHER AND CHILD
HOLY INFANT SO TENDER AND MILD,
SLEEP IN HEAVENLY PEACE, SLEEP IN HEAVENLY PEACE
SLEEP IN HEAVENLY PEACE, SLEEP IN HEAVENLY PEACE

SILENT NIGHT, HOLY NIGHT!
SHEPHERDS QUAKE AT THE SIGHT!
GLORIES STREAM FROM HEAVEN AFAR;
HEAVENLY HOSTS SING AL-LE-LU-IA!
LORD THE SAVIOUR IS BORN, LORD THE SAVIOUR IS BORN!
LORD THE SAVIOUR IS BORN, LORD THE SAVIOUR IS BORN!

Capitolo 7 - Astro del ciel

Partitura a pallini

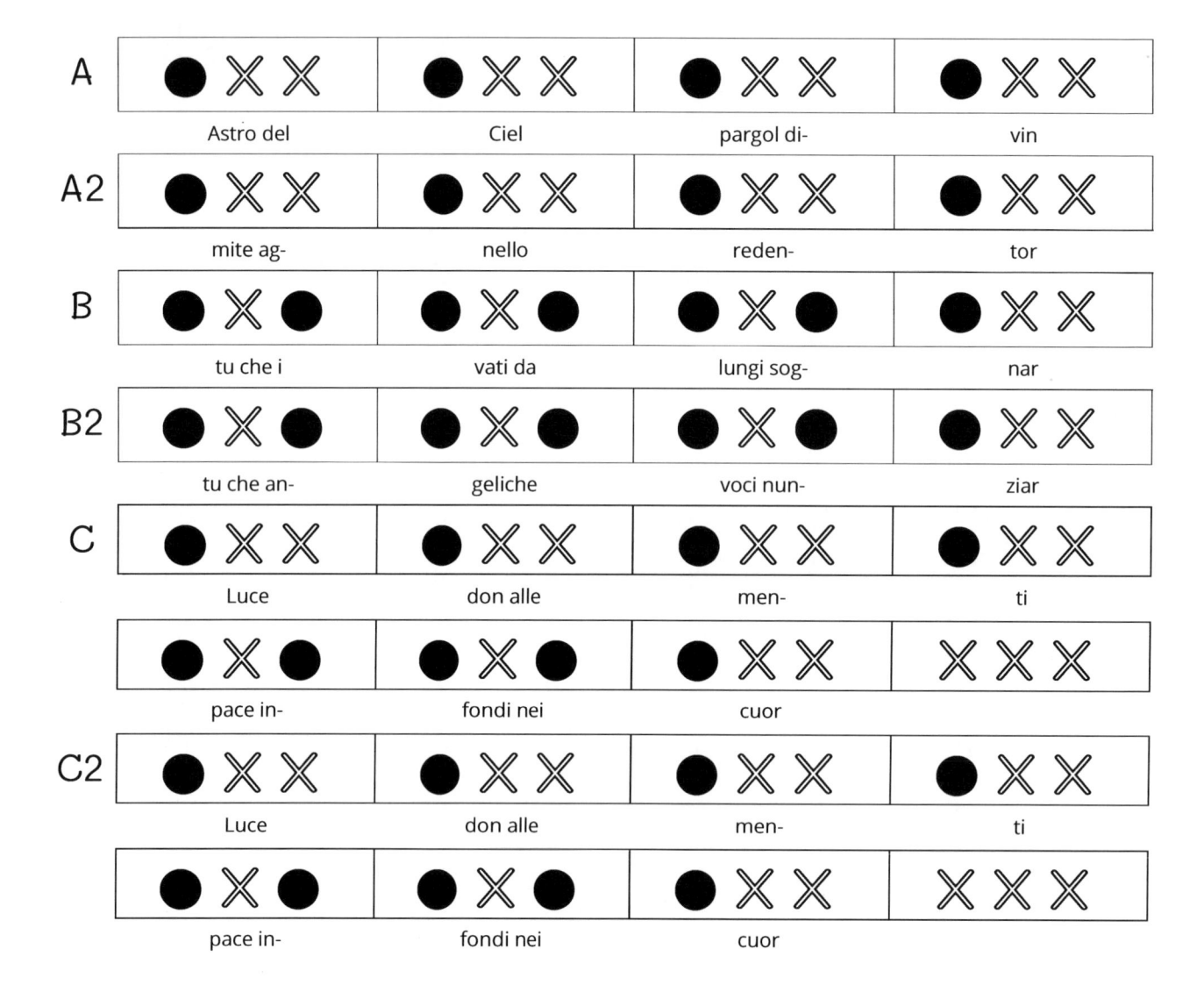

A	● ✗ ✗	● ✗ ✗	● ✗ ✗	● ✗ ✗
	Astro del	Ciel	pargol di-	vin
A2	● ✗ ✗	● ✗ ✗	● ✗ ✗	● ✗ ✗
	mite ag-	nello	reden-	tor
B	● ✗ ●	● ✗ ●	● ✗ ●	● ✗ ✗
	tu che i	vati da	lungi sog-	nar
B2	● ✗ ●	● ✗ ●	● ✗ ●	● ✗ ✗
	tu che an-	geliche	voci nun-	ziar
C	● ✗ ✗	● ✗ ✗	● ✗ ✗	● ✗ ✗
	Luce	don alle	men-	ti
	● ✗ ●	● ✗ ●	● ✗ ✗	✗ ✗ ✗
	pace in-	fondi nei	cuor	
C2	● ✗ ✗	● ✗ ✗	● ✗ ✗	● ✗ ✗
	Luce	don alle	men-	ti
	● ✗ ●	● ✗ ●	● ✗ ✗	✗ ✗ ✗
	pace in-	fondi nei	cuor	

Questa partitura è stata scritta con il Metodo Suoni e Silenzi®.
Nell'area online dedicata a questo libro troverai la versione con i colori che identificano gli strumenti.
Riporta i colori sulle schede che consegnerai ai bambini, per facilitarne la lettura.
Per ulteriori chiarimenti consulta l'introduzione a questo libro.

Capitolo 7 - Astro del ciel

Partitura vuota

A				
	Astro del	Ciel	pargol di-	vin
A2				
	mite ag-	nello	reden-	tor
B				
	tu che i	vati da	lungi sog-	nar
B2				
	tu che an-	geliche	voci nun-	ziar
C				
	Luce	don alle	men-	ti
	pace in-	fondi nei	cuor	
C2				
	Luce	don alle	men-	ti
	pace in-	fondi nei	cuor	

Puoi utilizzare questa partitura per esercitarti a scrivere il ritmo con il Metodo Suoni e Silenzi®, o trascrivere la partitura con la notazione convenzionale, o ancora inventare un arrangiamento nuovo.

Saggio di Natale — *Libero Iannuzzi*

Capitolo 7 - Astro del ciel

Melodia originale

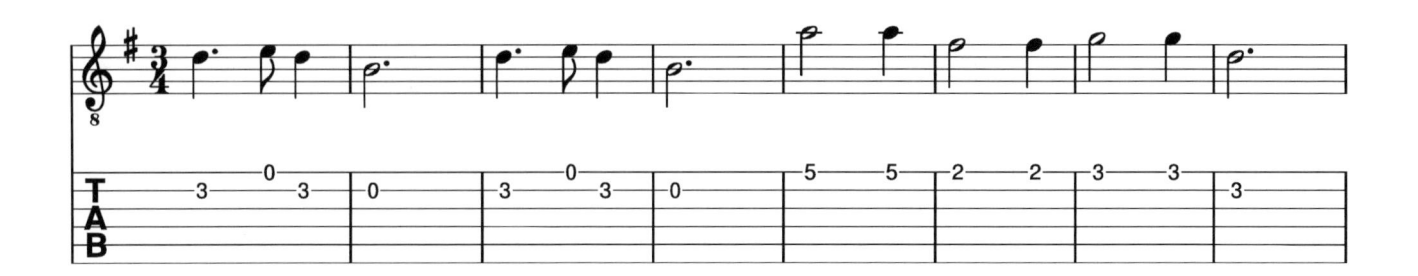

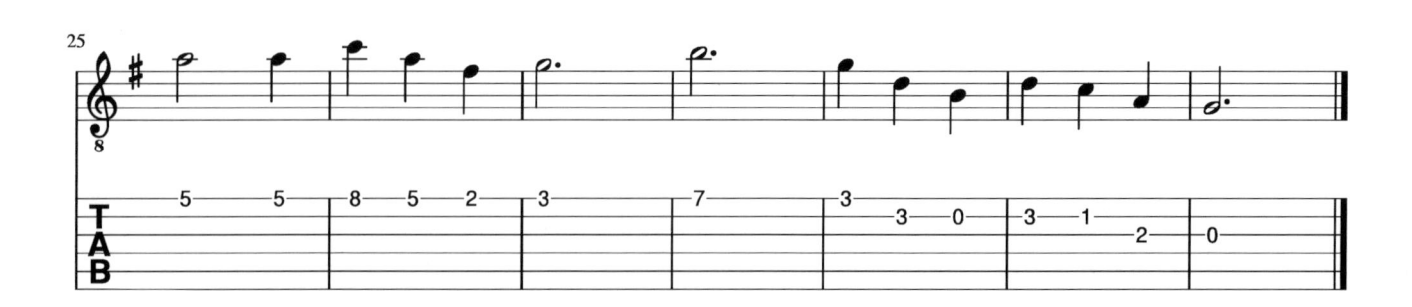

Capitolo 7 - Astro del ciel

Melodia semplificata

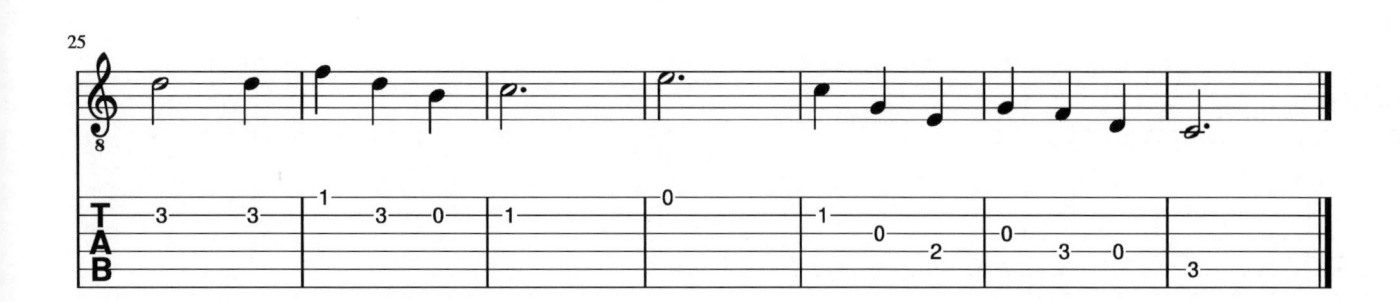

Saggio di Natale — *Libero Iannuzzi*

Capitolo 8

Deck the halls

Saggio di Natale — 95 — *Libero Iannuzzi*

Capitolo 8 - Deck the halls

Scheda didattica

Titolo originale	Deck the hall with holly
Paese di origine	Inghilterra, 1881
Lingua originale	Inglese
Autore	Anonimo
Difficoltà	Facile
Durata	01:55
Consigli	Un brano molto allegro della tradizione inglese. Anche questo si presta ad essere eseguito a più voci, una che canta le strofe e l'altra che risponde con il celebre "Falalalala" In questo caso, anche i bambini più piccoli potranno cantarla, accompagnando i grandi con la seconda voce.

Basi e video online!
scannerizza il codice o digita
https://liberoiannuzzi.link/sdn-club
Non hai effettuato la registrazione? Segui le indicazioni a pagina 1 del libro!

Capitolo 8 - Deck the halls

Introduzione

È FESTA, È FESTA!

ADDOBBIAMO TUTTA LA CASA!

LE SCALE, I BALCONI,

LE FINESTRE, I SOFFITTI!

DAPPERTUTTO RISPLENDANO I COLORI DEL NATALE

DOVUNQUE RISUONINO I NOSTRI CANTI GIOIOSI

È FESTA, È FESTA!

Capitolo 8 - Deck the halls

Testo in Italiano

TIRA FUORI L'AGRIFOGLIO
FA-LA-LA-LA-LA, LA-LA-LA-LA
DECORIAMO TUTTO IL MONDO
FA-LA-LA-LA-LA, LA-LA-LA-LA
COL CAPPELLO E CON LA SCIARPA
FA-LA-LA-LA-LA, LA-LA-LA-LA
FESTEGGIAMO IN TUTTO IL MONDO
FA-LA-LA-LA-LA, LA-LA-LA-LA

SEGUIMI FESTOSAMENTE
FA-LA-LA-LA-LA, LA-LA-LA-LA
E RIDIAMO ALLEGRAMENTE
FA-LA-LA-LA-LA, LA-LA-LA-LA
E' NATALE VERAMENTE
FA-LA-LA-LA-LA, LA-LA-LA-LA
E RIDIAMO ALLEGRAMENTE
FA-LA-LA-LA-LA, LA-LA-LA-LA

NON PENSARE PIÙ AL PASSATO
FA-LA-LA-LA-LA, LA-LA-LA-LA
IL NATALE È ARRIVATO
FA-LA-LA-LA-LA, LA-LA-LA-LA
TANTI DONI CI HA PORTATO
FA-LA-LA-LA-LA, LA-LA-LA-LA
IL NATALE È ARRIVATO
FA-LA-LA-LA-LA, LA-LA-LA-LA
FA-LA-LA-LA-LA, LA-LA-LA-LA

Capitolo 8 - Deck the halls

Testo in Inglese

DECK THE HALLS WITH BOUGHS OF HOLLY
FA-LA-LA-LA-LA, LA-LA-LA-LA
'TIS THE SEASON TO BE JOLLY
FA-LA-LA-LA-LA, LA-LA-LA-LA
DON WE NOW OUR GAY APPAREL
FA-LA-LA, LA-LA-LA, LA-LA-LA.
TROLL THE ANCIENT YULE-TIDE CAROL
FA-LA-LA-LA-LA, LA-LA-LA-LA.

SEE THE BLAZING YULE BEFORE US.
FA-LA-LA-LA-LA, LA-LA-LA-LA
STRIKE THE HARP AND JOIN THE CHORUS.
FA-LA-LA-LA-LA, LA-LA-LA-LA
FOLLOW ME IN MERRY MEASURE.
FA-LA-LA-LA-LA, LA-LA-LA-LA
WHILE I TELL OF YULE-TIDE TREASURE.
FA-LA-LA-LA-LA, LA-LA-LA-LA

FAST AWAY THE OLD YEAR PASSES.
FA-LA-LA-LA-LA, LA-LA-LA-LA
HAIL THE NEW YEAR, LADS AND LASSES
FA-LA-LA-LA-LA, LA-LA-LA-LA
SING WE JOYOUS, ALL TOGETHER.
FA-LA-LA-LA-LA, LA-LA-LA-LA
HEEDLESS OF THE WIND AND WEATHER.
FA-LA-LA-LA-LA, LA-LA-LA-LA
FA-LA-LA-LA-LA, LA-LA-LA-LA

Capitolo 8 - Deck the halls

Partitura a pallini

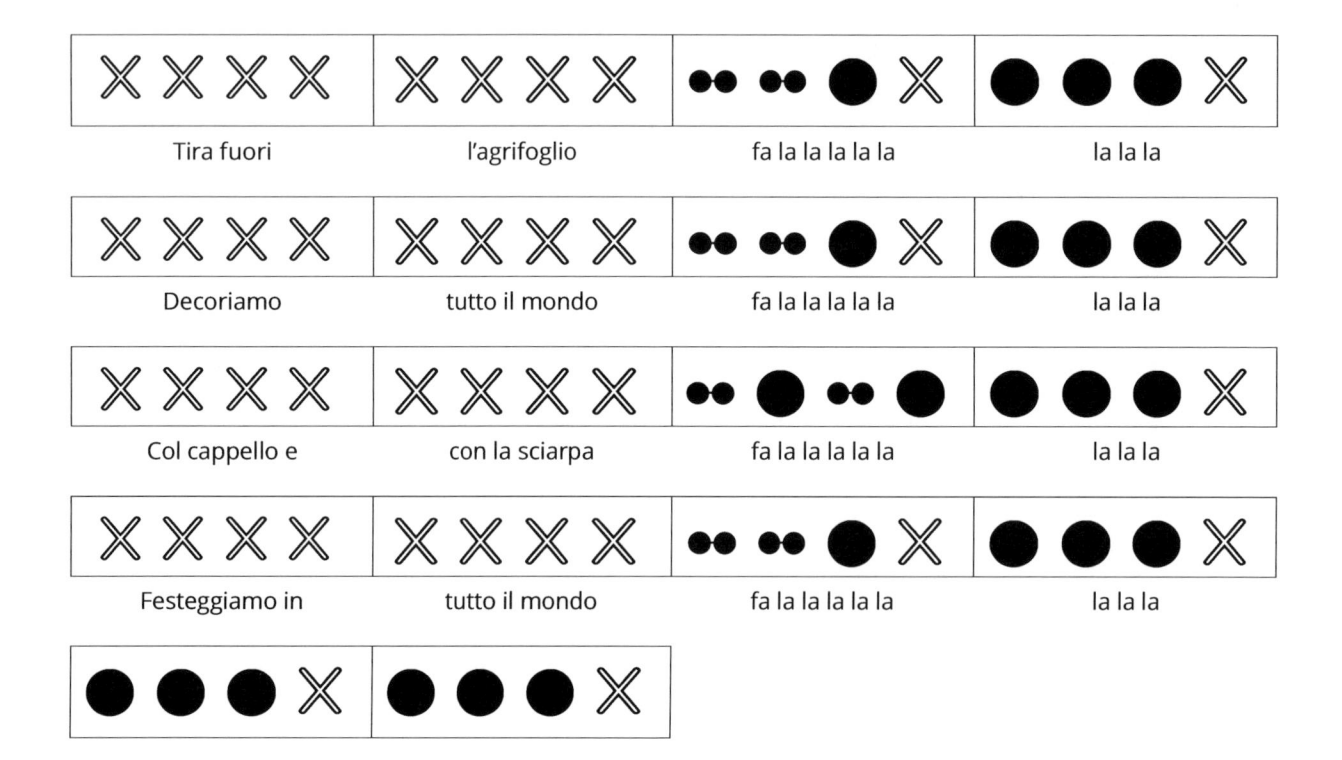

X X X X	X X X X	●● ●● ● X	● ● ● X
Tira fuori	l'agrifoglio	fa la la la la la	la la la

X X X X	X X X X	●● ●● ● X	● ● ● X
Decoriamo	tutto il mondo	fa la la la la la	la la la

X X X X	X X X X	●● ● ●● ●	● ● ● X
Col cappello e	con la sciarpa	fa la la la la la	la la la

X X X X	X X X X	●● ●● ● X	● ● ● X
Festeggiamo in	tutto il mondo	fa la la la la la	la la la

● ● ● X	● ● ● X

Questa partitura è stata scritta con il Metodo Suoni e Silenzi®.
Nell'area online dedicata a questo libro troverai la versione con i colori che identificano gli strumenti.
Riporta i colori sulle schede che consegnerai ai bambini, per facilitarne la lettura.
Per ulteriori chiarimenti consulta l'introduzione a questo libro.

Saggio di Natale *Libero Iannuzzi*

Capitolo 8 - Deck the halls

Partitura vuota

Tira fuori	l'agrifoglio	fa la la la la la	la la la

Decoriamo	tutto il mondo	fa la la la la la	la la la

Col cappello e	con la sciarpa	fa la la la la la	la la la

Festeggiamo in	tutto il mondo	fa la la la la la	la la la

Puoi utilizzare questa partitura per esercitarti a scrivere il ritmo con il Metodo Suoni e Silenzi®, o trascrivere la partitura con la notazione convenzionale, o ancora inventare un arrangiamento nuovo.

Capitolo 8 - Deck the halls

Melodia originale

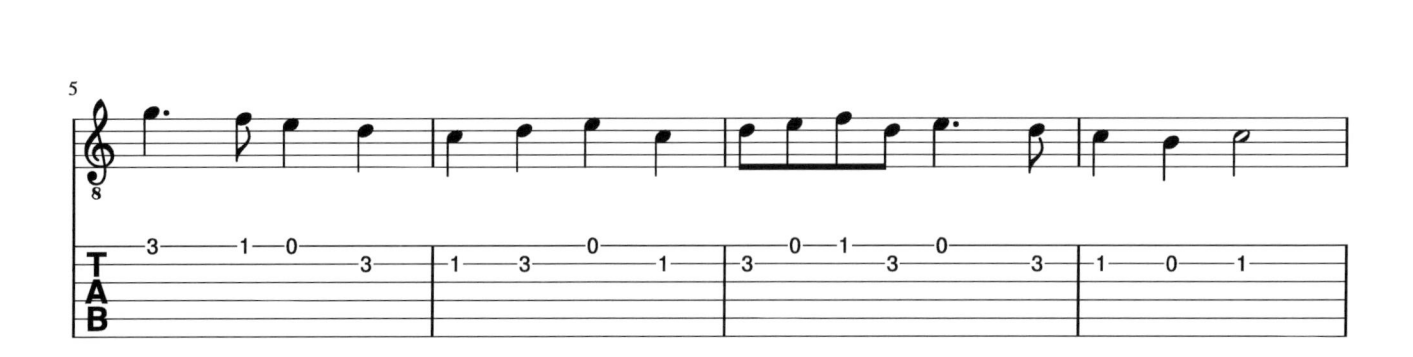

Saggio di Natale — *Libero Iannuzzi*

Capitolo 8 - Deck the halls

Melodia semplificata

Capitolo 9

Gli angeli nelle campagne

Capitolo 9 - Gli angeli nelle campagne

Scheda didattica

Titolo originale	Les anges dans nos campagnes
Paese di origine	Francia, 18° secolo
Lingua originale	Francese
Autore	Anonimo
Difficoltà	Media
Durata	03:10
Consigli	Una famosissima canzone, dal celeberrimo ritornello in latino. Essendo solo il ritornello in latino può essere facilmente imparata da tutti. Si può eseguire a due voci, una che canta le strofe e l'altra che canta i ritornelli. In questo modo si adatta anche a cori misti di bambini di diverse età e livelli. Anzichè l'inglese, ho inserito il testo originale in francese, pur non essendo presente la base musicale in lingua.

Basi e video online!

scannerizza il codice o digita
https://liberoiannuzzi.link/sdn-club

Non hai effettuato la registrazione? Segui le indicazioni a pagina 1 del libro!

Capitolo 9 - Gli angeli nelle campagne

Introduzione

IL CORO DEGLI ANGELI

CANTA CON GIOIA

ANNUNCIANO LA LIETA NOTIZIA

A TUTTO IL MONDO

IL CIELO RISPLENDE

DELLA STELLA PIÙ BELLA:

È NATO IL SALVATORE!

Capitolo 9 - Gli angeli nelle campagne

Testo in Italiano

GLI ANGELI NELLE CAMPAGNE
CANTANO L'INNO AL REDENTOR
RISPONDE L'ECO DELLE MONTAGNE
CON QUESTA DOLCE MELODIA

GLO-OOOOOO-OOOOO-OOOOORIA IN EXCELSIS DEO
GLO-OOOOOO-OOOOO-OOOOORIA IN EXCELSIS DEO

ESSI ANNUNCIANO LA VENUTA
DEL SALVATORE D'ISRAEL
E PIENI DI RICONOSCENZA
CANTANO LIETI FINO AL CIEL

GLO-OOOOOO-OOOOO-OOOOORIA IN EXCELSIS DEO
GLO-OOOOOO-OOOOO-OOOOORIA IN EXCELSIS DEO

SU CERCHIAMO IL BEL VILLAGGIO
CHE HA VISTO NASCERE IL GRAN TESOR
GLI RECHIAMO L'UMILE OMAGGIO
DEL NOSTRO CANTO E DEL NOSTRO CUOR

GLO-OOOOOO-OOOOO-OOOOORIA IN EXCELSIS DEO
GLO-OOOOOO-OOOOO-OOOOORIA IN EXCELSIS DEO
IN EXCELSIS DE-E-O

Capitolo 9 - Gli angeli nelle campagne

Testo in Francese

Il testo originale, in francese, non è stato registrato nelle basi musicali; lo allego comunque per completezza.

LES ANGES DANS NOS CAMPAGNES
ONT ENTONNÉ L'HYMNE DES CIEUX;
ET L'ÉCHO DE NOS MONTAGNES
REDIT CE CHANT MÉLODIEUX

GLO-OOOOOO-OOOOO-OOOOORIA IN EXCELSIS DEO
GLO-OOOOOO-OOOOO-OOOOORIA IN EXCELSIS DEO

LS ANNONCENT LA NAISSANCE
DU LIBÉRATEUR D'ISRAËL,
ET PLEINS DE RECONNAISSANCE
CHANTENT EN CE JOUR SOLENNEL

GLO-OOOOOO-OOOOO-OOOOORIA IN EXCELSIS DEO
GLO-OOOOOO-OOOOO-OOOOORIA IN EXCELSIS DEO

CHERCHONS TOUS L'HEUREUX VILLAGE
QUI L'A VU NAÎTRE SOUS SES TOITS,
OFFRONS-LUI LE TENDRE HOMMAGE
ET DE NOS COEURS ET DE NOS VOIX!

GLO-OOOOOO-OOOOO-OOOOORIA IN EXCELSIS DEO
GLO-OOOOOO-OOOOO-OOOOORIA IN EXCELSIS DEO
IN EXCELSIS DE-E-O

Capitolo 9 - Gli angeli nelle campagne

Partitura a pallini

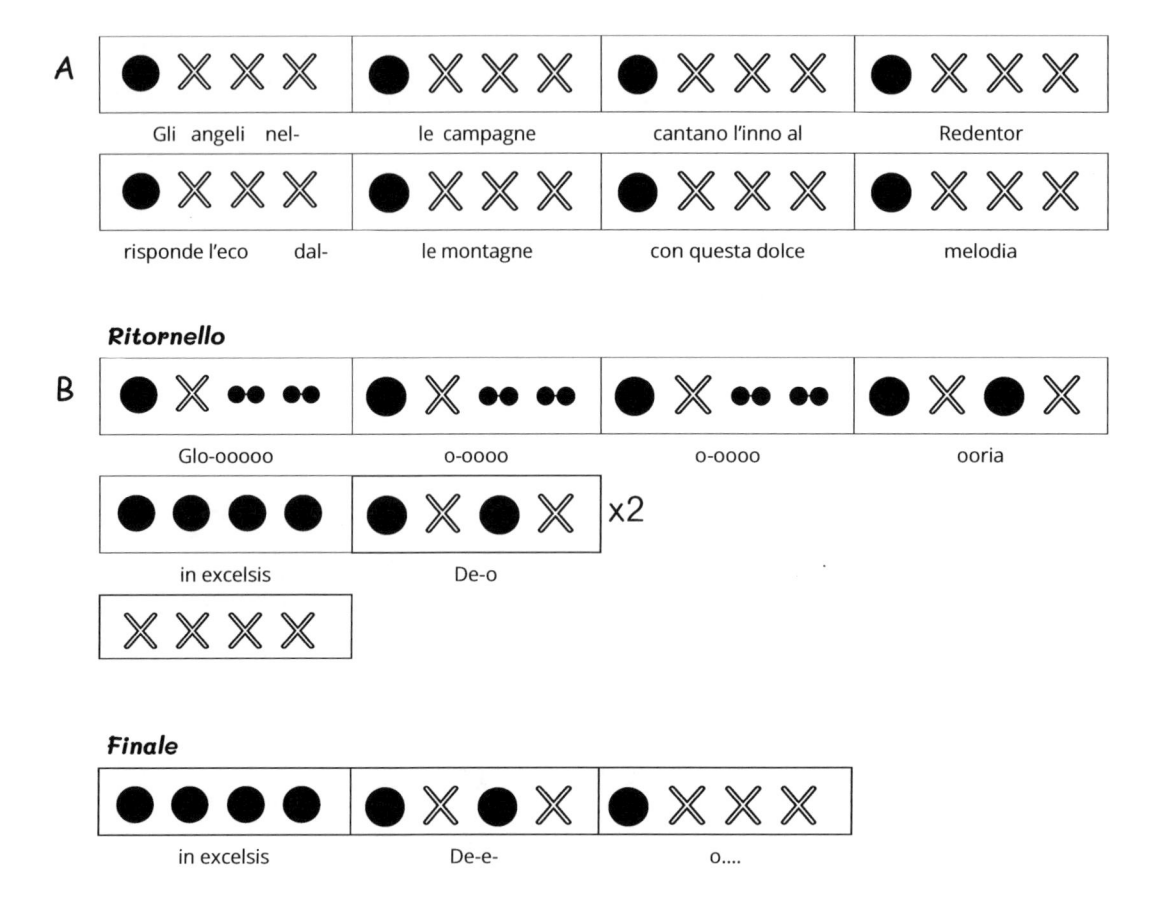

A ● ✗ ✗ ✗ | ● ✗ ✗ ✗ | ● ✗ ✗ ✗ | ● ✗ ✗ ✗
Gli angeli nel- | le campagne | cantano l'inno al | Redentor

● ✗ ✗ ✗ | ● ✗ ✗ ✗ | ● ✗ ✗ ✗ | ● ✗ ✗ ✗
risponde l'eco dal- | le montagne | con questa dolce | melodia

Ritornello

B ● ✗ •• •• | ● ✗ •• •• | ● ✗ •• •• | ● ✗ ● ✗
Glo-ooooo | o-oooo | o-oooo | ooria

● ● ● ● | ● ✗ ● ✗   x2
in excelsis | De-o

✗ ✗ ✗ ✗

Finale

● ● ● ● | ● ✗ ● ✗ | ● ✗ ✗ ✗
in excelsis | De-e- | o....

Questa partitura è stata scritta con il Metodo Suoni e Silenzi®.
Nell'area online dedicata a questo libro troverai la versione con i colori che identificano gli strumenti.
Riporta i colori sulle schede che consegnerai ai bambini, per facilitarne la lettura.
Per ulteriori chiarimenti consulta l'introduzione a questo libro.

Capitolo 9 - Gli angeli nelle campagne

Partitura vuota

A

Gli angeli nel-	le campagne	cantano l'inno al	Redentor
risponde l'eco dal-	le montagne	con questa dolce	melodia

Ritornello

B

Glo-ooooo	o-oooo	o-oooo	ooria

in excelsis	De-o	x2

Finale

in excelsis	De-e-	o....

Puoi utilizzare questa partitura per esercitarti a scrivere il ritmo con il Metodo Suoni e Silenzi®, o trascrivere la partitura con la notazione convenzionale, o ancora inventare un arrangiamento nuovo.

Capitolo 9 - Gli angeli nelle campagne

Melodia originale

Saggio di Natale — *Libero Iannuzzi*

Capitolo 9 - Gli angeli nelle campagne

Melodia semplificata

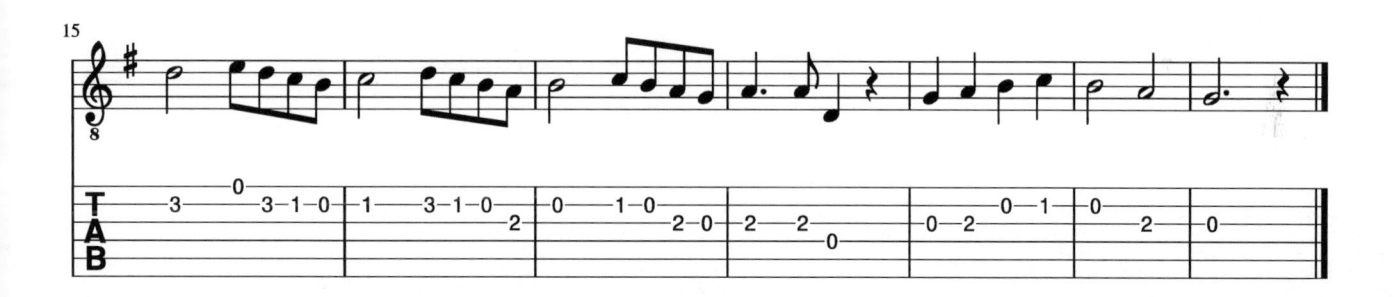

Capitolo 10

Joy to the world

Capitolo 10 - Joy to the world

Scheda didattica

Titolo originale	Joy to the world
Paese di origine	Inghilterra, 1719
Lingua originale	Inglese
Autore	Isaac Watts (parole) Georg Friedrich Händel (melodia)
Difficoltà	Media
Durata	01:44
Consigli	Un brano decisamente maestoso, perfetto per l'apertura del sipario. Attenzione agli acuti, che possono essere impegnativi. Sia in italiano che in inglese il testo contiene riferimenti religiosi.

Basi e video online!
scannerizza il codice o digita
https://liberoiannuzzi.link/sdn-club

Non hai effettuato la registrazione? Segui le indicazioni a pagina 1 del libro!

Introduzione

GUARDA, CHE ACCADE?

IL CIELO STA TUONANDO

LE NUVOLE SI SONO APERTE

IL CORO DEGLI ANGELI ACCLAMA

LA NASCITA DEL SIGNORE

UNIAMOCI ANCHE NOI TUTTI

A QUESTO CORO MAESTOSO

Testo in Italiano

GIOIA NEL MONDO, È NATO IL RE,
È' NATO IL SALVATOR!
APRIAMO IL NOSTRO CUORE, AL GRANDE IMMENSO AMORE
LA TERRA CANTERÀ, E IL CIELO CANTERÀ,
LA TERRA, E IL CIELO CANTERAN!

GIOIA NEL MONDO, È NATO IL RE,
E IL BENE REGNERÀ
SU CAMPI MONTI E VALLI, COLLINE CIELI E MARI
IL BENE VINCERÀ, IL BENE VINCERÀ,
IL BENE, IL BENE VINCERÀ!

GIOIA NEL MONDO, È NATO IL RE,
È NATO IL REDENTOR!
LO ANNUNCIA GIÀ LA STELLA, È NATO IN UNA STALLA,
E IL MONDO GUIDERÀ, E IL MONDO GUIDERÀ,
E IL MONDO, IL MONDO GUIDERÀ

GIOIA NEL MONDO, È NATO IL RE,
È' NATO IL SALVATOR!
E' NATO IL SALVATOR!

Capitolo 10 - Joy to the world

Testo in Inglese

JOY TO THE WORLD, THE LORD IS COME
LET EARTH RECEIVE HER KING
LET EVERY HEART PREPARE HIM ROOM
AND HEAVEN AND NATURE SING
AND HEAVEN AND NATURE SING
AND HEAVEN, AND HEAVEN, AND NATURE SING

JOY TO THE WORLD, THE SAVIOR REIGNS!
LET MEN THEIR SONGS EMPLOY
WHILE FIELDS AND FLOODS, ROCKS, HILLS AND PLAINS
REPEAT THE SOUNDING JOY
REPEAT THE SOUNDING JOY
REPEAT, REPEAT, THE SOUNDING JOY

HE RULES THE WORLD WITH TRUTH AND GRACE
AND MAKES THE NATIONS PROVE
THE GLORIES OF HIS RIGHTEOUSNESS
AND WONDERS OF HIS LOVE
AND WONDERS OF HIS LOVE
AND WONDERS, WONDERS, OF HIS LOVE

JOY TO THE WORLD, NOW WE SING
LET THE EARTH RECEIVE HER KING
LET THE EARTH RECEIVE HER KING

Capitolo 10 – Joy to the world
Partitura a pallini

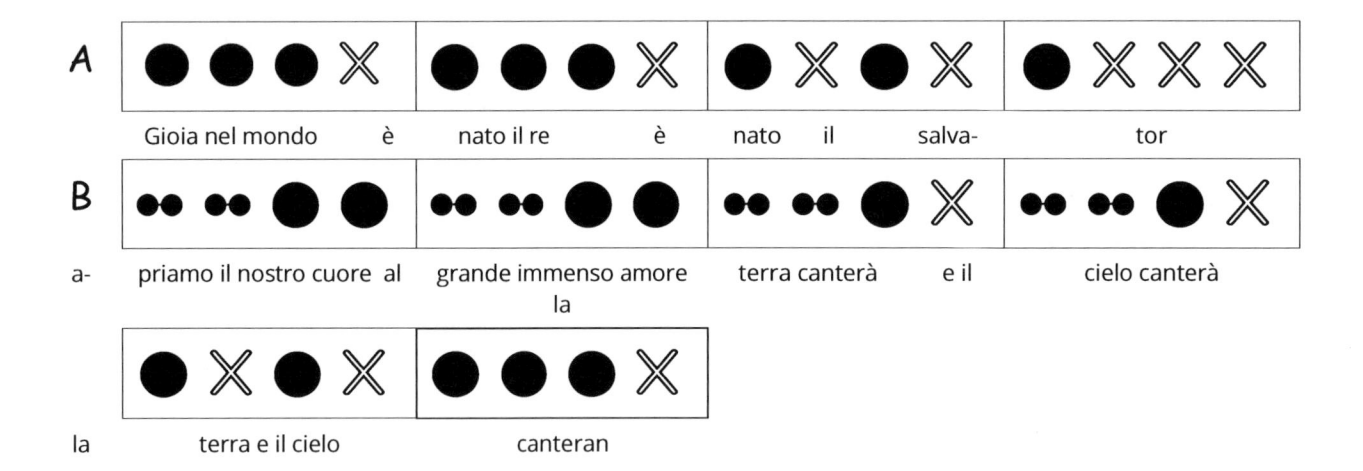

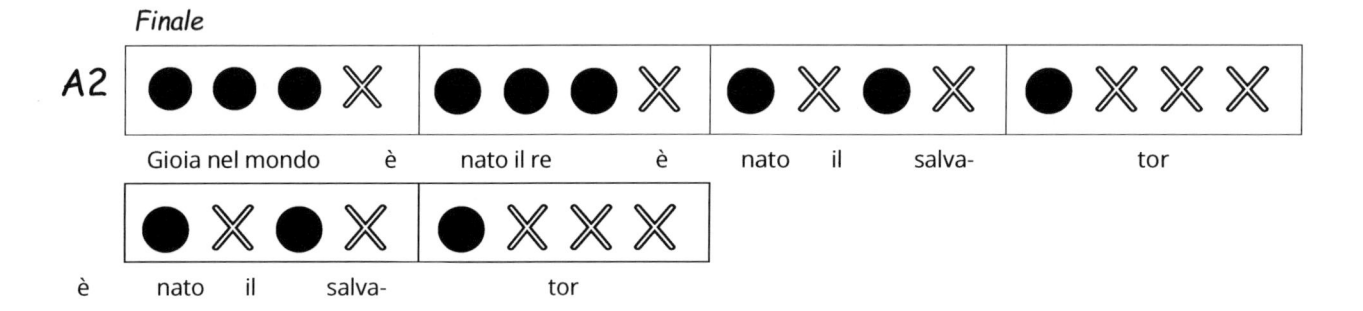

A ● ● ● X | ● ● ● X | ● X ● X | ● X X X
Gioia nel mondo è nato il re è nato il salva- tor

B ●● ●● ● ● | ●● ●● ● ● | ●● ●● ● X | ●● ●● ● X
a- priamo il nostro cuore al grande immenso amore la terra canterà e il cielo canterà

● X ● X | ● ● ● X
la terra e il cielo canteran

Finale

A2 ● ● ● X | ● ● ● X | ● X ● X | ● X X X
Gioia nel mondo è nato il re è nato il salva- tor

● X ● X | ● X X X
è nato il salva- tor

Questa partitura è stata scritta con il Metodo Suoni e Silenzi®.
Nell'area online dedicata a questo libro troverai la versione con i colori che identificano gli strumenti.
Riporta i colori sulle schede che consegnerai ai bambini, per facilitarne la lettura.
Per ulteriori chiarimenti consulta l'introduzione a questo libro.

Capitolo 10 - Joy to the world

Partitura vuota

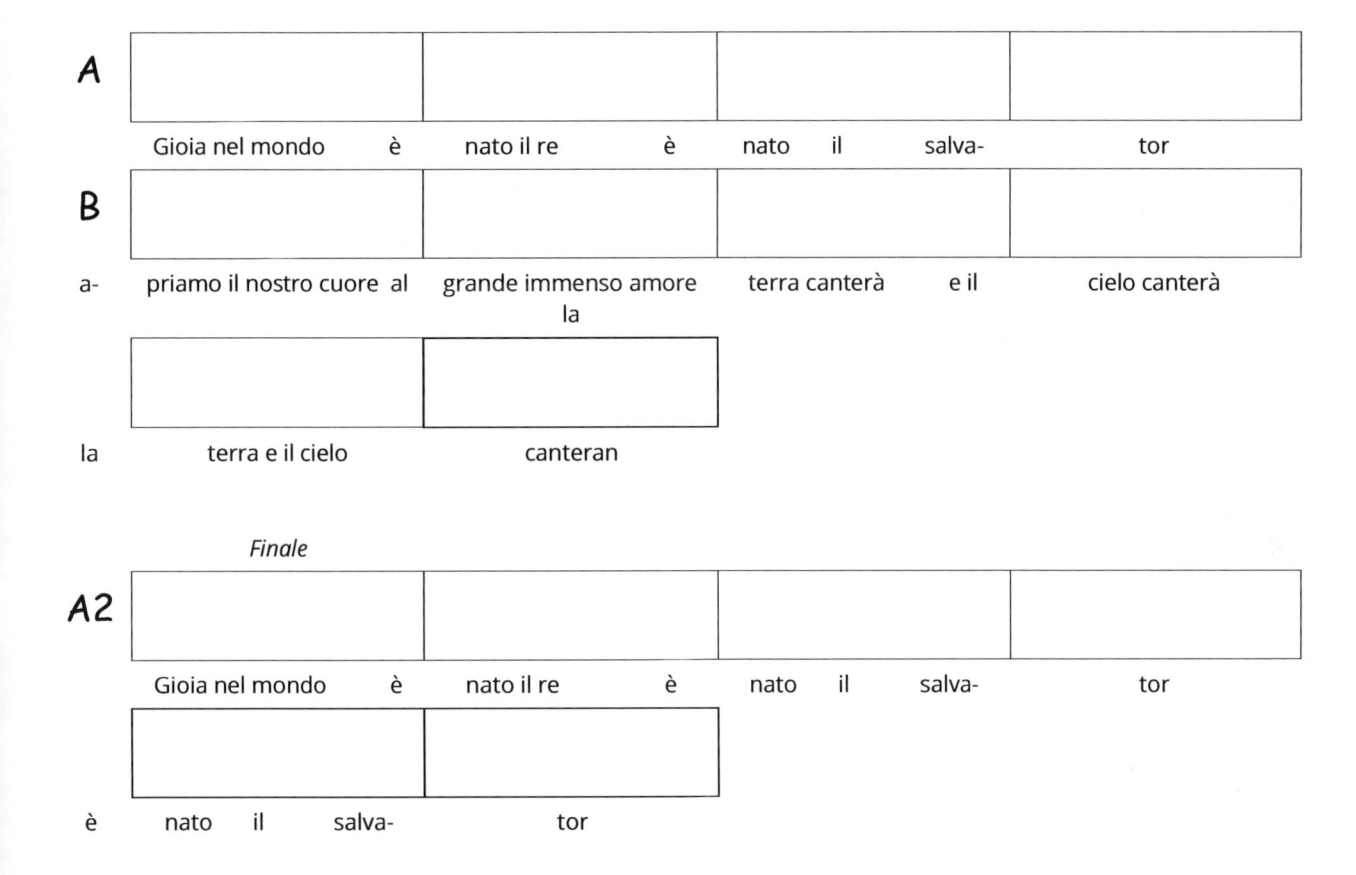

A

Gioia nel mondo	è nato il re	è nato il salva-	tor

B

a- priamo il nostro cuore al	grande immenso amore la	terra canterà e il	cielo canterà

la terra e il cielo	canteran

Finale

A2

Gioia nel mondo	è nato il re	è nato il salva-	tor

è nato il salva-	tor

Puoi utilizzare questa partitura per esercitarti a scrivere il ritmo con il Metodo Suoni e Silenzi®, o trascrivere la partitura con la notazione convenzionale, o ancora inventare un arrangiamento nuovo.

Capitolo 10 - Joy to the world

Melodia originale

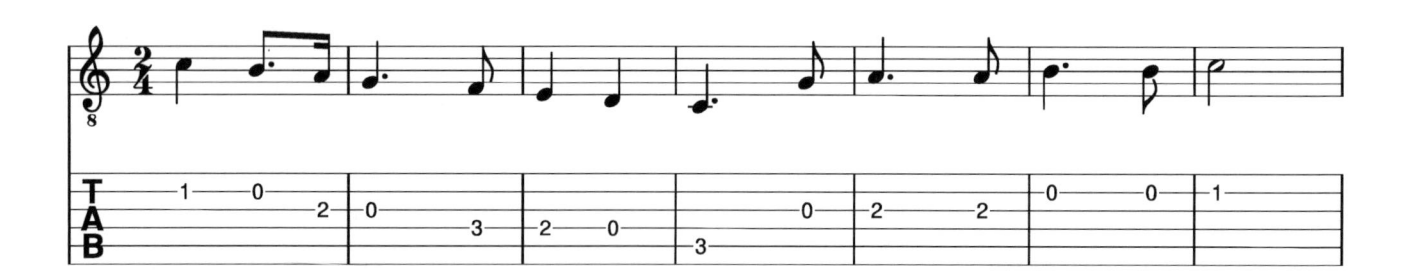

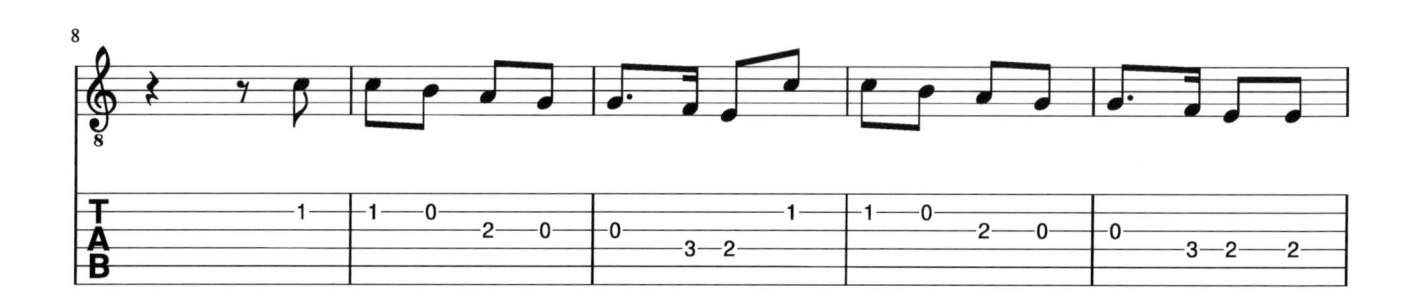

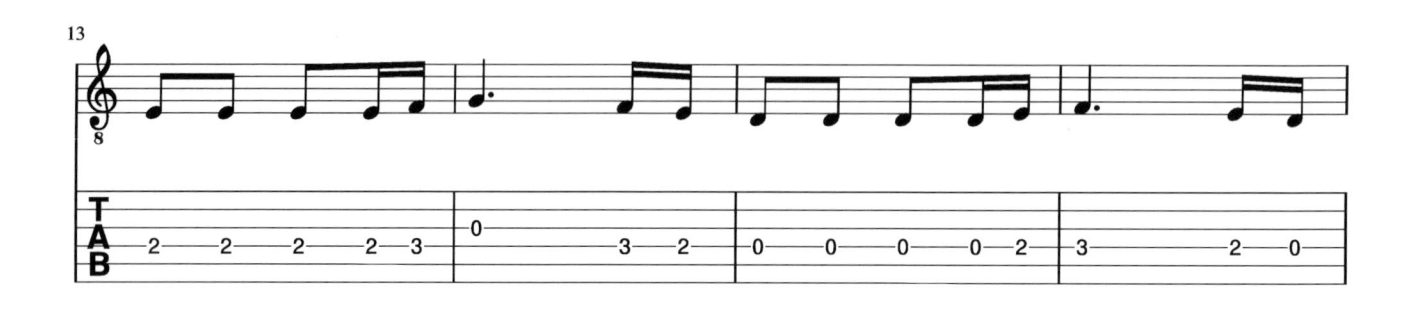

Capitolo 10 - Joy to the world

Melodia semplificata

Capitolo 11

We wish you a merry christmas

Capitolo 11 - We wish you a merry Christmas

Scheda didattica

Titolo originale	We wish you a merry christmas
Paese di origine	Inghilterra, 1501
Lingua originale	Inglese
Autore	Anonimo
Difficoltà	Facile
Durata	01:48
Consigli	Questo brano è allegro e ritmato, molto facile nella versione italiana, un po' più impegnativo in inglese. Il testo inglese è stato semplificato, eliminando alcune strofe per renderlo più accessibile ai piccoli. L'originale comunque è facilmente reperibile in rete. Il testo in italiano è stato tradotto e adattato da me, ma non rappresenta la traduzione letterale.

Basi e video online!
scannerizza il codice o digita
https://liberoiannuzzi.link/sdn-club

Non hai effettuato la registrazione? Segui le indicazioni a pagina 1 del libro!

Introduzione

CHE FESTA GRANDE IL NATALE!

TUTTI INSIEME INTORNO ALL'ALBERO

SCAMBIAMOCI I REGALI E GLI AUGURI

CANTIAMO ALLEGRAMENTE IN CORO

L'ARRIVO DEL NUOVO ANNO

BUON NATALE! BUON ANNO!

Capitolo 11 - We wish you a merry Christmas

Testo in Italiano

AUGURI DI BUON NATALE
AUGURI DI BUON NATALE
AUGURI DI BUON NATALE
AUGURI PER VOI

AUGURI PER VOI,
PER TE E PER CHI VUOI
AUGURI DI BUON NATALE
AUGURI PER VOI

OH MAMMA QUANTI REGALI
OH MAMMA QUANTI REGALI
OH MAMMA QUANTI REGALI
SON TUTTI PER NOI

CANTATE CON NOI,
È FESTA PER VOI
AUGURI DI BUON NATALE
AUGURI PER VOI

(DA CAPO)

AUGURI DI BUON NATALE
AUGURI DI BUON NATALE
AUGURI DI BUON NATALE
AUGURI PER VOI (RALLENTANDO)

Saggio di Natale — *Libero Iannuzzi*

Capitolo 11 - We wish you a merry Christmas

Testo in Inglese

WE WISH YOU A MERRY CHRISTMAS
WE WISH YOU A MERRY CHRISTMAS
WE WISH YOU A MERRY CHRISTMAS
AND A HAPPY NEW YEAR

GOOD TIDINGS WE BRING
TO YOU AND YOUR KIN
WE WISH YOU A MERRY CHRISTMAS
AND A HAPPY NEW YEAR

NOW BRING US A FIGGY PUDDING
NOW BRING US A FIGGY PUDDING
NOW BRING US A FIGGY PUDDING
THEN BRING SOME OUT HERE

GOOD TIDINGS WE BRING
TO YOU AND YOUR KIN
WE WISH YOU A MERRY CHRISTMAS
AND A HAPPY NEW YEAR

(DA CAPO)

WE WISH YOU A MERRY CHRISTMAS
WE WISH YOU A MERRY CHRISTMAS
WE WISH YOU A MERRY CHRISTMAS
AND A HAPPY NEW YEAR (RALLENTANDO)

Capitolo 11 - We wish you a merry Christmas

Partitura a pallini

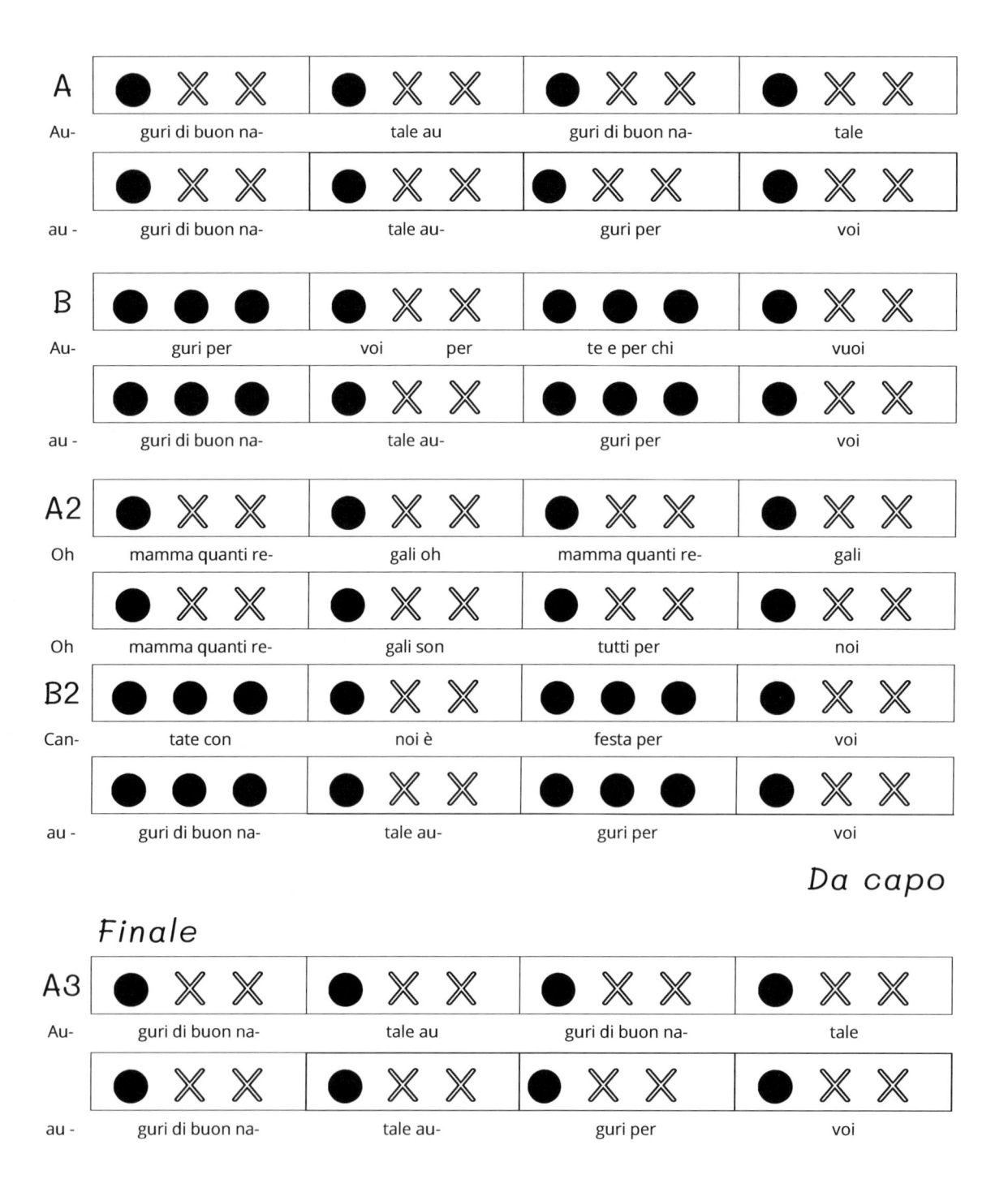

A

● X X	● X X	● X X	● X X
Au- guri di buon na-	tale au	guri di buon na-	tale

● X X	● X X	● X X	● X X
au - guri di buon na-	tale au-	guri per	voi

B

● ● ●	● X X	● ● ●	● X X
Au- guri per	voi per	te e per chi	vuoi

● ● ●	● X X	● ● ●	● X X
au - guri di buon na-	tale au-	guri per	voi

A2

● X X	● X X	● X X	● X X
Oh mamma quanti re-	gali oh	mamma quanti re-	gali

● X X	● X X	● X X	● X X
Oh mamma quanti re-	gali son	tutti per	noi

B2

● ● ●	● X X	● ● ●	● X X
Can- tate con	noi è	festa per	voi

● ● ●	● X X	● ● ●	● X X
au - guri di buon na-	tale au-	guri per	voi

Da capo

Finale

A3

● X X	● X X	● X X	● X X
Au- guri di buon na-	tale au	guri di buon na-	tale

● X X	● X X	● X X	● X X
au - guri di buon na-	tale au-	guri per	voi

Questa partitura è stata scritta con il Metodo Suoni e Silenzi®.
Nell'area online dedicata a questo libro troverai la versione con i colori che identificano gli strumenti.
Riporta i colori sulle schede che consegnerai ai bambini, per facilitarne la lettura.
Per ulteriori chiarimenti consulta l'introduzione a questo libro.

Capitolo 11 - We wish you a merry Christmas

Partitura vuota

A				
Au-	guri di buon na-	tale au	guri di buon na-	tale
au -	guri di buon na-	tale au-	guri per	voi

B				
Au-	guri per	voi per	te e per chi	vuoi
au -	guri di buon na-	tale au-	guri per	voi

A2				
Oh	mamma quanti re-	gali oh	mamma quanti re-	gali
Oh	mamma quanti re-	gali son	tutti per	noi

B2				
Can-	tate con	noi è	festa per	voi
au -	guri di buon na-	tale au-	guri per	voi

Da capo

Finale

A3				
Au-	guri di buon na-	tale au	guri di buon na-	tale
au -	guri di buon na-	tale au-	guri per	voi

Puoi utilizzare questa partitura per esercitarti a scrivere il ritmo con il Metodo Suoni e Silenzi®, o trascrivere la partitura con la notazione convenzionale, o ancora inventare un arrangiamento nuovo.

Saggio di Natale   *Libero Iannuzzi*

Capitolo 11 - We wish you a merry Christmas

Melodia originale

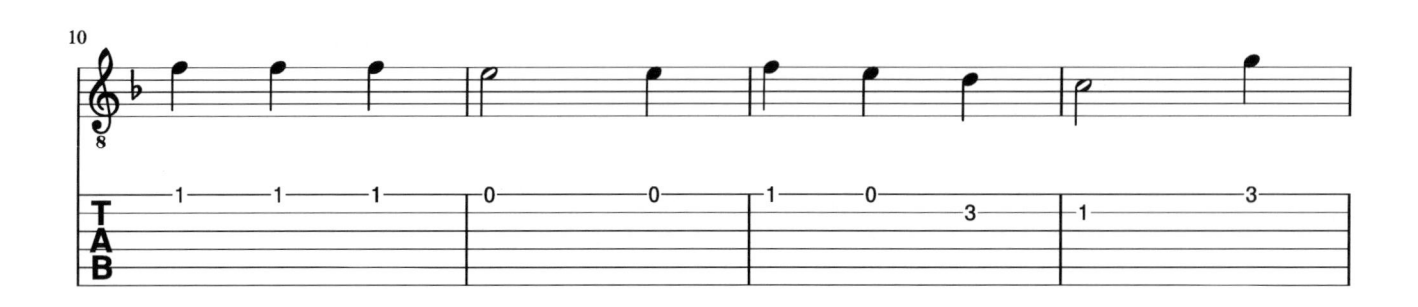

Capitolo 11 - We wish you a merry Christmas

Melodia semplificata

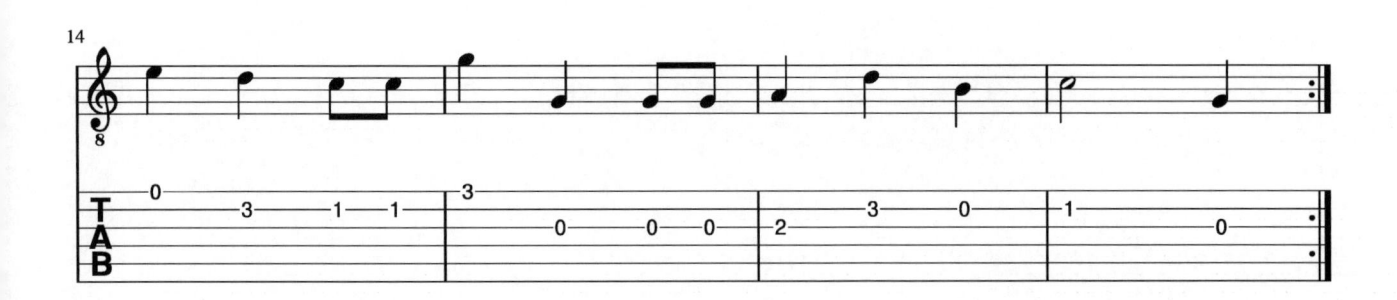

Saggio di Natale — *Libero Iannuzzi*

Capitolo 12

The first noel

Saggio di Natale — *Libero Iannuzzi*

Capitolo 12 - The first Noel

Scheda didattica

Titolo originale	The First Nowell
Paese di origine	Inghilterra, 17° secolo
Lingua originale	Inglese
Autore	Anonimo
Difficoltà	Medio
Durata	02:49
Consigli	Questo brano molto melodico è un classico della tradizione inglese. La melodia è piuttosto semplice, e anche il testo, ma per una buona riuscita del brano è importante una adeguata tenuta delle note lunghe. Il testo inglese è stato parzialmente modificato per semplificarlo.

Basi e video online!

scannerizza il codice o digita
https://liberoiannuzzi.link/sdn-club

Non hai effettuato la registrazione? Segui le indicazioni a pagina 1 del libro!

Capitolo 12 - The first Noel

Introduzione

LE CAMPANE SUONANO LONTANO

TUTTI QUANTI SONO USCITI SULL'USCIO

LE STELLE BRILLANO FORTE

LA NEVE CADE ANCORA

TUTTI INSIEME PER MANO

SOTTO LO STESSO CIELO

CONTEMPLIAMO L'ARRIVO DEL NATALE...

Testo in Italiano

NOEL NOEL,
CHIARA LUCE NEL CIEL:
NELLA GROTTA DIVINA
È NATO GESÙ.

NOEL, NOEL, NOEL, NOEL.
INSIEME ADORIAMO IL BIMBO GESÙ

(STRUMENTALE)

NOEL, NOEL
CANTAN GLI ANGELI IN CIEL!
SIA PACE IN TERRA:
È NATO GESÙ.

(STRUMENTALE)

NOEL, NOEL
LE CAMPANE NEL CIEL
SUONAN LIETE E FESTOSE:
È NATO GESÙ

NOEL, NOEL, NOEL, NOEL.
INSIEME ADORIAMO IL BIMBO GESÙ
NOEL, NOEL, NOEL, NOEL.
INSIEME ADORIAMO IL BIMBO GESÙ
GESÙ...

Testo in Inglese

THE FIRST NOEL,
THE ANGELS DID SAY
WAS TO CERTAIN POOR SHEPHERDS
IN FIELDS AS THEY LAY

NOEL, NOEL, NOEL, NOEL
BORN IS THE KING IN THE FIELDS AWAY

(STRUMENTALE)

THEY LOOKED UP
AND SAW A STAR
SHINING IN THE EAST
BEYOND THEM FAR

(STRUMENTALE)

THEY LOOKED UP
AND SAW A STAR
SHINING IN THE EAST
BEYOND THEM FAR

NOEL, NOEL, NOEL, NOEL
BORN IS THE KING IN THE FIELDS AWAY
NOEL, NOEL, NOEL, NOEL
BORN IS THE KING IN THE FIELDS AWAY

Capitolo 12 - The first Noel

Partitura a pallini

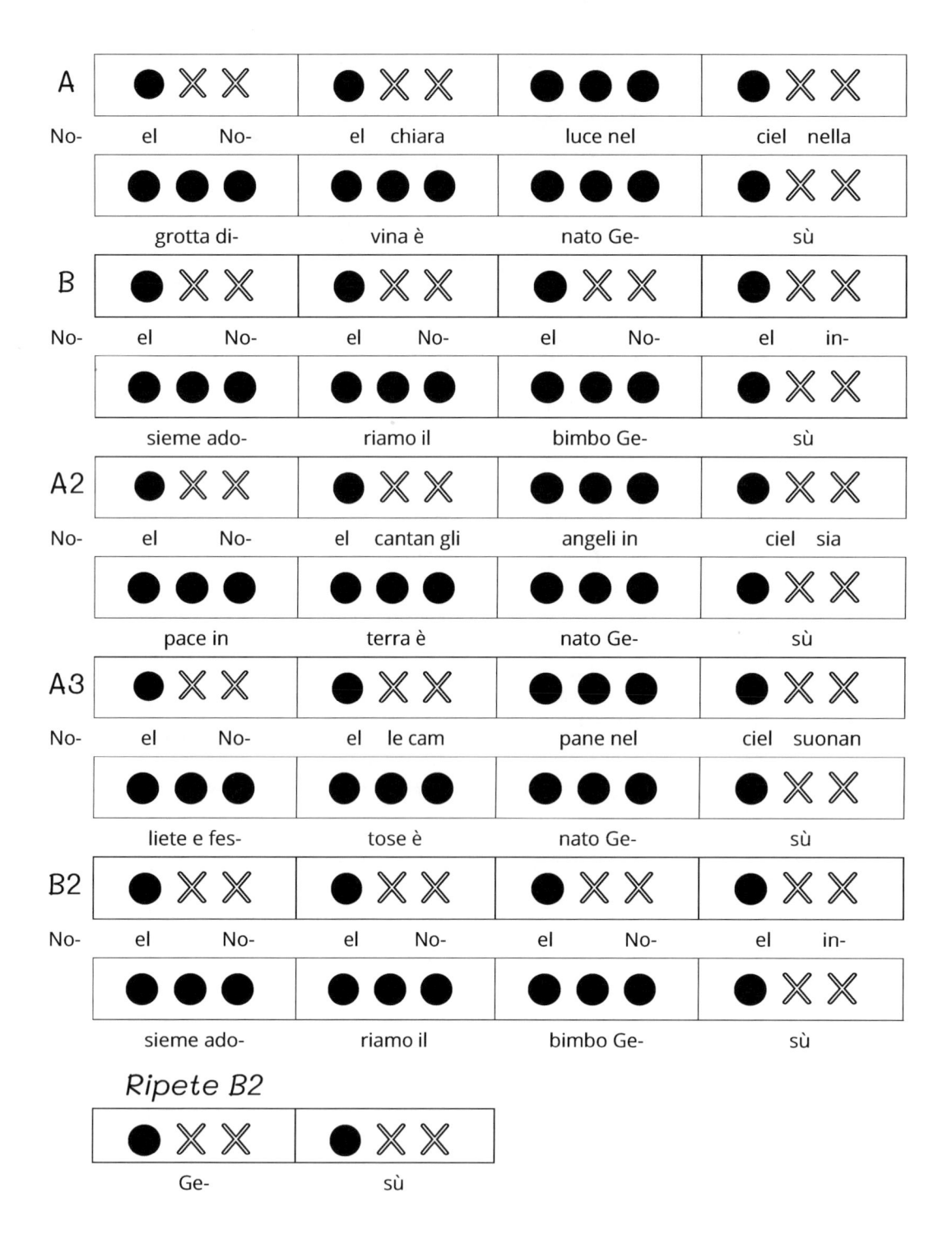

A | ● ✗ ✗ | ● ✗ ✗ | ● ● ● | ● ✗ ✗
No- el No- el chiara luce nel ciel nella

● ● ● | ● ● ● | ● ● ● | ● ✗ ✗
grotta di- vina è nato Ge- sù

B | ● ✗ ✗ | ● ✗ ✗ | ● ✗ ✗ | ● ✗ ✗
No- el No- el No- el No- el in-

● ● ● | ● ● ● | ● ● ● | ● ✗ ✗
sieme ado- riamo il bimbo Ge- sù

A2 | ● ✗ ✗ | ● ✗ ✗ | ● ● ● | ● ✗ ✗
No- el No- el cantan gli angeli in ciel sia

● ● ● | ● ● ● | ● ● ● | ● ✗ ✗
pace in terra è nato Ge- sù

A3 | ● ✗ ✗ | ● ✗ ✗ | ● ● ● | ● ✗ ✗
No- el No- el le cam pane nel ciel suonan

● ● ● | ● ● ● | ● ● ● | ● ✗ ✗
liete e fes- tose è nato Ge- sù

B2 | ● ✗ ✗ | ● ✗ ✗ | ● ✗ ✗ | ● ✗ ✗
No- el No- el No- el No- el in-

● ● ● | ● ● ● | ● ● ● | ● ✗ ✗
sieme ado- riamo il bimbo Ge- sù

Ripete B2

● ✗ ✗ | ● ✗ ✗
Ge- sù

Questa partitura è stata scritta con il Metodo Suoni e Silenzi®.
Nell'area online dedicata a questo libro troverai la versione con i colori che identificano gli strumenti.
Riporta i colori sulle schede che consegnerai ai bambini, per facilitarne la lettura.
Per ulteriori chiarimenti consulta l'introduzione a questo libro.

Capitolo 12 - The first Noel

Partitura vuota

A

No- el	No- el	chiara luce nel	ciel nella

grotta di-	vina è	nato Ge-	sù

B

No- el	No- el	No- el	No- el in-

sieme ado-	riamo il	bimbo Ge-	sù

A2

No- el	No- el cantan gli	angeli in	ciel sia

pace in	terra è	nato Ge-	sù

A3

No- el	No- el le cam	pane nel	ciel suonan

liete e fes-	tose è	nato Ge-	sù

B2

No- el	No- el	No- el	No- el in-

sieme ado-	riamo il	bimbo Ge-	sù

Ripete B2

Ge-	sù

Puoi utilizzare questa partitura per esercitarti a scrivere il ritmo con il Metodo Suoni e Silenzi®, o trascrivere la partitura con la notazione convenzionale, o ancora inventare un arrangiamento nuovo.

Capitolo 12 - The first Noel

Melodia originale

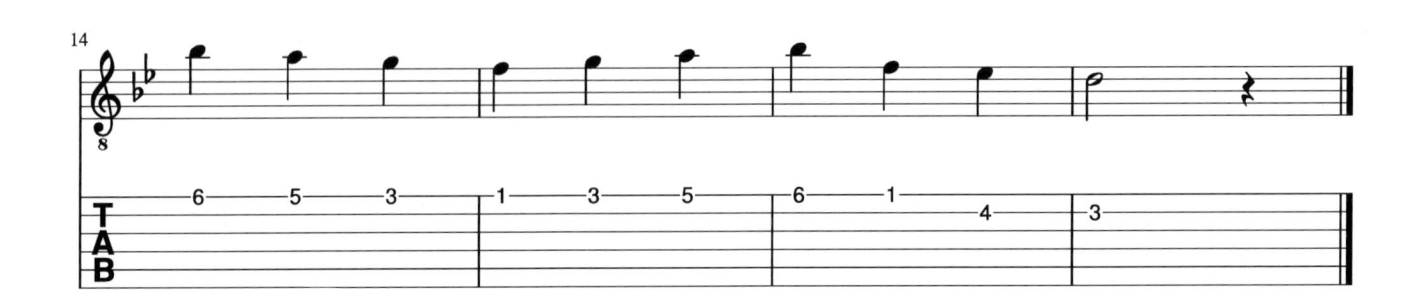

Capitolo 12 - The first Noel

Melodia semplificata

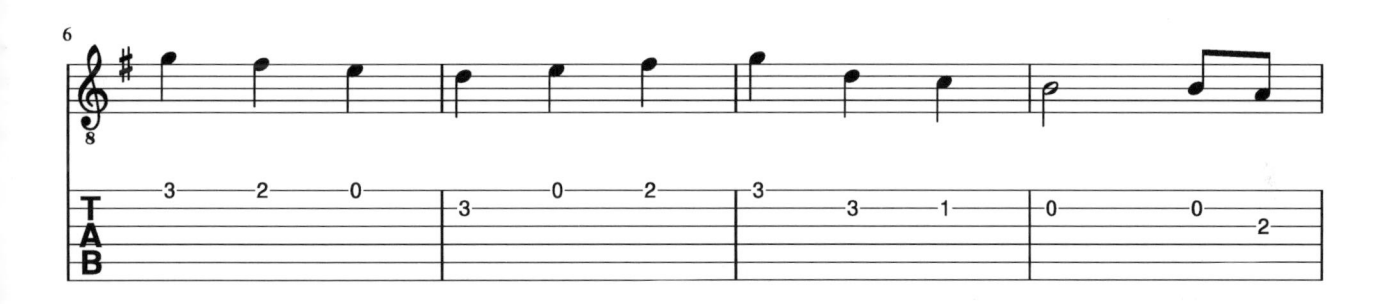

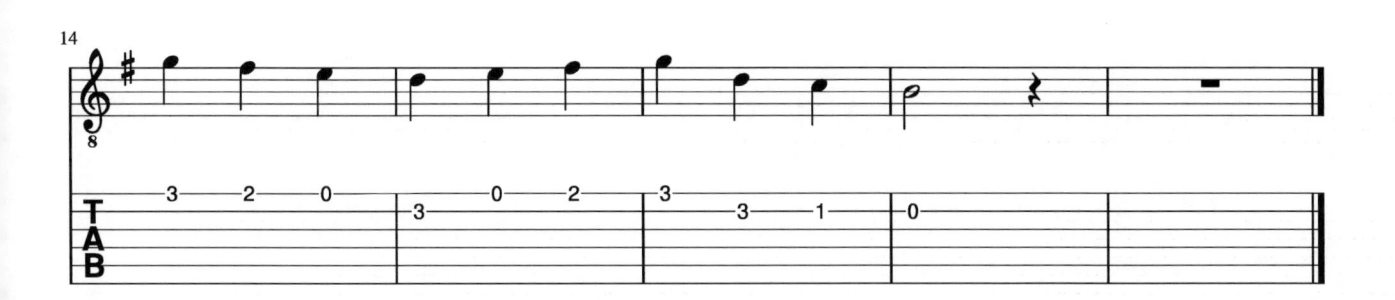

Saggio di Natale — *Libero Iannuzzi*

Conclusione

Saggio di Natale — *Libero Iannuzzi*

Congratulazioni!

ADESSO SIAMO PRONTI PER FESTEGGIARE IL NATALE!

MA NON RATTRISTARTI, LA NOSTRA AVVENTURA INSIEME NON È FINITA!

TI ASPETTO SUL SITO **WWW.LIBEROIANNUZZI.COM** PER CONTINUARE A GIOCARE CON LA MUSICA, CON LA CHITARRA E LE CANZONI, PERCHÈ IL DIVERTIMENTO NON FINISCE MAI!

Le basi sono online!

Puoi **scaricarle**, riprodurle online, ascoltarle tramite la **app gratuita.**

Torna a **pagina 1** per registrarti e ricevere tutte le basi gratis, e molto altro!

Perchè non ho incluso il CD nel libro?

- Perchè le basi mp3 sono più pratiche, versatili, trasportabili, durevoli.
- Perchè si possono riprodurre online, tramite app, e conservare più facilmente.
- Perchè un **piccolo sforzo** per aggiornarti ti farà **risparmiare** molto tempo in futuro...

Il progresso richiede un impegno iniziale, ma ripaga sempre!
*Comunque se proprio vuoi il cd puoi **masterizzarlo gratis**, con gli mp3 che ti do!*